昭化寺

河北省古代建筑保护研究所 编

赖士澍

文物出版社

书名题字：苏士澍
摄　　影：冯　琳
　　　　　张晓仓
　　　　　刘小放
封面设计：杨婧飞
版式设计：段书安
责任印制：陆　联
责任编辑：段书安
　　　　　李　莉

图书在版编目（CIP）数据

昭化寺／河北省古代建筑保护研究所编．—北京：
文物出版社，2007.7
ISBN 978-7-5010-2165-9

Ⅰ.昭⋯ Ⅱ.河⋯ Ⅲ.寺庙—概况—怀安县 Ⅳ.K928.75

中国版本图书馆 CIP 数据核字（2007）第 029628 号

昭化寺

河北省古代建筑保护研究所　编
文物出版社出版发行
北京东直门内北小街2号
http://www.wenwu.com
E-mail：web@wenwu.com
北京达利天成印刷有限公司　印刷
新华书店经销
965 × 1270　1/16　印张：18
2007年7月第1版　第1次印刷
ISBN 978-7-5010-2165-9
定价：298.00元

目 录

序

1997年7月，从宿白先生应河北省文物局之邀，游怀安昭化寺。关于该寺的建筑特色，宿先生在《宣化考古三题》(《文物》1998年1期)的注释中有明确的揭释。行程匆匆，对大雄宝殿中的满壁壁画，未能仔细观看，且殿中光照不明，只能掠影而过，知其大概而已。2007年1月，在河北沧州参加大运河考古调查研讨会，遇谢飞同志，告我《昭化寺》要出版专刊，并嘱为之作序。回北京后，文物出版社的责任编辑李莉同志送来该书的打样，始得窥见昭化寺全貌，以及为保护昭化寺现存建筑和整个寺院遗址所作的考古勘察发掘工作。

首先，我要说的是在古建筑保护中除了古建筑本体的保护维修，还要注意古建筑群的整体保存状况。现存的单体古建筑都属于某寺庙、衙署、住宅等建置的一部分，要保护好地面上的单体建筑，必须了解它在建置整体中所处的位置，以及与其他邻近建筑的关系，特别是在全国重点文物保护单位的保护方案中，必须包括这些内容，才能更准确地划定其保护范围。在以前制定保护方案时，往往对这个方面注意不够。昭化寺的保护，除对现存建筑维修外，还勘探了昭化寺的原来寺院的范围和已圮毁的建筑基址，并发掘了碑楼和钟楼基址，为全面保护昭化寺作了准备工作。这显示了我国的文物保护事业对古代文化遗产的保护向整体性和真实性贴近，文物保护工作向更高的层次提升，方向正确，是一个非常好的发展势态，值得推广。对已发掘的建筑基址作原状展示是可以的，但对碑楼、钟楼和鼓楼进行复建，则要慎重，要履行报批手续。

本书通过对昭化寺内现存的山门、天王殿、大雄宝殿、三大士殿四座正统原建，作了仔细的考察，总结出九条建筑上的风格和特点。诚如宿白先生所指出的："宣化地区明代建筑多异于官式。1997年7月过宣化西北的怀安又获一例。怀安县城西大街昭化寺……山门庑殿顶，未施斗拱。天王殿歇山顶，用单昂斗拱。大雄宝殿歇山顶，用单翘重昂斗拱(翘头出跳短促，颇为特殊)，此殿与天王殿厢拱两端皆斫出抹斜面；大雄宝殿最惹人注目处是纵向构架的梁柱结构。三大士殿悬山顶，斗拱用斗口跳。以上四座建筑平板枋出头俱作出海棠曲线，额枋出头皆垂直截去。上述情况，似可说明山后州县在建筑规制上，至少在明代前期仍保留有浓厚的地区特点，而建筑物本身的等级标志，清晰明确，尤为难得的佳例。"

昭化寺最令人注目的是大雄宝殿的壁画，绘47幅水陆道场壁画，面积93.566平方米，共画人物610多个，从面积和画幅数目上论，是属小水陆画，但从所画人物的密度来说却是很高的，而且有明确的纪年和画工的题记，在南壁西稍间金刚力士像左上方题："时大明嘉靖肆拾壹年岁在壬戌冬拾月初拾日吉时谨志，画工匠人任朝相，信士高虎、王安才、张永、宋正道……"，这是很少见的画工题名。当时在晋冀地区佛寺大殿中很流行绘满堂的水陆道场壁画，现存者尚有十余处，除怀安昭化寺之外，还有山西稷山青龙寺腰殿、浑源永安寺、新绛东岳稷益庙、灵石资寿寺和河北石家庄毗卢寺的水陆道场壁画，它们反映了明代民间绘画的时代特色，在题材上表现佛、道、儒三教合一，佛教进一步世俗化，对诸种神祇的多元崇拜，是水陆道场画的主要内容。在艺术上仍继承民间画工自唐宋以来武宗元《朝元仙仗图》的传统，以白描勾勒为底图，然后再重彩敷色，一丝不苟，释道鬼神人物，极具程式化之格式，以遒劲的笔力来补救法古拘谨之不足。水陆道场画中有许多表现社会底层受苦难的各类人物的画面，这给民间画工留下了发挥个人才艺的机会，他们不受程式化的束缚，自由地根据他们所见到的生活情景，把社会上的众生像从不同的视角，如实地呈现出来，成为明代水陆道场画中最有社会历史价值和艺术魅力的画面。当时，把这种写实的画法称作"写照"，清·徐沁《明画录》卷一专记"道释"画的两名画工，都长于"写照"，一名是"萧伯公，泰和人，善写照。……初有画师寓邑寺，公伯往事之，尽得其法。一日，汲水迟归，师诘其故，曰：适见二鬼相搏，因忘返。随以水画地作状，师大惊服，遂有名。"另一名是"蔡世新，号少壑，赣县人。工写照。时王文成公镇虔，召众史多不当意，盖两颧棱峭，正面难肖。世新幼，随师进，独从旁作一侧相，得其神似，名大起。"（《读画斋丛书》本，见《续修四库全书》第1065册）民间画工人数众多，是游离于农业生产之外的一个专门从事画艺的群体，在壁画上题名的只是某个群体的头领，大批的画工并未留下姓名。他们是中国绘画艺术史上，与文人卷轴画同时并存的民间画派，对他们的艺术成就亟待全面深入的研究，而散布在全国各地的历代壁画遗存的发现保护，则首先成为亟待抢救的文物，它们的保护状况甚堪忧虑，人为的和自然的破坏因素，正在损毁着这些无价之宝。这本专刊的出版，既记录了怀安昭化寺古建筑和壁画的现状，也为对它们的保护提供了一手的材料。我认为这是一项非常重要、很有意义的基础性工作，值得鼓励和提倡。

徐苹芳

二〇〇七年四月于北京

昭　化　寺

一　怀安县自然地理概况

　　怀安县位于河北省西北部，属张家口市所辖。根据地质、地貌成因及类型，怀安县所在的地区被划为冀西北山间盆地地区。本地区大体包含了坝上高原以南、小五台以北、燕山以西这一广袤区域，区域内山地、丘陵、河谷、盆地等地貌类型齐全，山地雄伟高峻，丘陵起伏连绵，盆地交错分布，河流蜿蜒穿越。这一地区最为突出的特点是大小不等的盆地极其发育，再由桑干河和洋河将各个盆地串连起来，形成桑干河和洋河两大盆地。

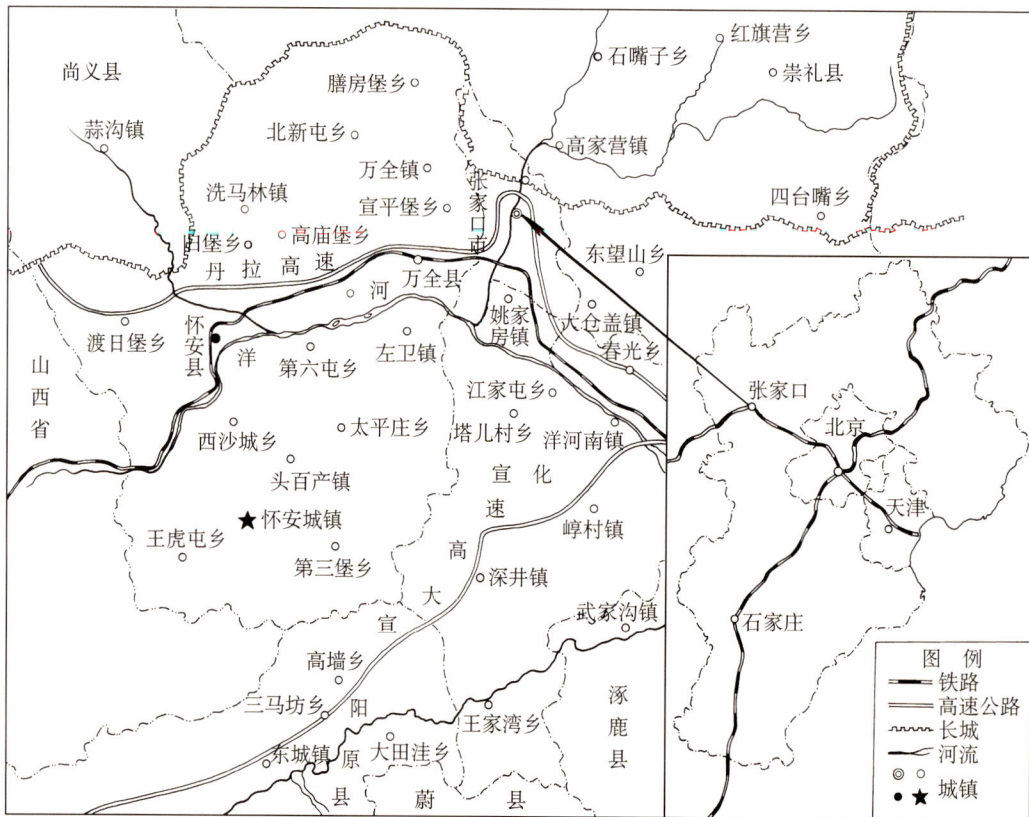

图一　怀安县地理位置图

怀安县所在的位置为冀西北山间盆地地区的西部,地貌特征与本地区一致,山间多夹有众多的盆地,较大的有两个,即怀安盆地和柴沟堡盆地。盆地多四面环山,中部为冲积平原,边缘为洪积裙和冲积扇,这里往往是动物和人类生息繁衍的良好场所。境内的河流主要有洋河及其支流西洋河、南洋河和洪塘河等,这些河流将众多的盆地连接起来。

怀安县西临山西天镇,北接尚义、万全,东与宣化为邻,南和阳原为伴。怀安县的交通较为便利,可谓四通八达,向东南达阳原化稍营接宣大高速公路,西至大同,东南达北京;西南经天镇达大同;东北经万全至张家口;西北接丹拉高速公路,穿越长城后进入内蒙古(图一)。

二 怀安历史沿革

早在万年前的旧石器时代,这里的自然环境优越,适于古人类生存繁衍。尽管至今还没有发现古人类文化遗存,但比照南邻泥河湾盆地200万年以来灿烂文化无间断地存在,怀安盆地、柴沟堡盆地的旧石器时代文化亦应当比较辉煌。在这里,新石器时代文化遗存有所发现,已经证实这里是新石器时代远古居民的居住区。

夏禹分天下为九州,怀安当属九州之首的冀州域。商周时期,怀安一带处于中原文化和北方草原文化的交融地带,成为不同文化交流的双向通道。春秋时期怀安系代国辖地,战国至秦代则为赵国代郡地。两汉时期,怀安属幽州上谷郡地,西汉元封年间,开置县之先河,先后在境内设夷舆、马城二县。之后没于突厥,唐初为怀荒镇地,直至唐穆宗长庆二年(822年),始置怀安县,属新州。后五代十国、辽、金、元间,时废时立,归属履有变更。

明初怀安隶属京师兴和府,旋即改属山西大同府。明洪武三年(1370年),县境被鞑靼占领,明军攻取怀安,废怀安县,民移居庸关,改置守御千户所。洪武二十三年(1390年)废千户所,设怀安卫。二十六年(1393年),因旧县城规模狭小,城垣残破,不利战守,移卫于旧城西10公里的新建卫城,属北平都指挥使司统领。明永乐十六年(1418年),革北平都指挥使司,卫隶京师。十七年于西沙城设保安右卫,二十年移治怀安城。明宣德五年(1430年),置万全都指挥使司,辖怀安卫、万全左卫、保安右卫等。正统二年(1437年),柴沟堡筑堡,设参将,属万全都指挥使司。成化十年(1474年),设分守西路参将于柴沟堡。嘉靖四十五年(1566年),分西路为二,称上西路和下西路,柴沟堡、西洋河、怀安卫属下西路。崇祯八年(1635年),上、下西路和怀安南界的南山路改属分守道。

清顺治八年(1651年),怀安卫属万全都司,裁柴沟堡参将。康熙四年(1665年),怀安卫改隶山西,寻仍旧。康熙三十二年(1693年),改怀安卫为怀安县,西洋河、柴沟堡、万全左卫归怀安县,属宣化府,隶直隶省保定布政使司。

民国二年(1913年),裁宣化府,怀安县改属口北道辖。民国十七年(1928年),政府南迁,改北京为北平,易直隶省为河北省。裁道缺,原口北道十县与察区属县合组察哈尔省,怀安县属之,为三等县。民国三十年(1941年),怀安、万全县合并,称万安县,治柴沟堡镇。民国三十四年(1945年),解放怀安城,察哈尔省恢复,怀安县治怀安城。

1948年1月,怀安县人民政府成立,属察南专区。1951年,怀安县人民政府由怀安城迁至柴沟堡。

1952年察哈尔省撤销，改属河北省张家口专区。1984年，怀安城建立怀安城镇。

三　怀安城

怀安城位于怀安县境南部的怀安盆地内，北距今县政府驻地柴沟堡镇32公里。如今的怀安城镇是历史上怀安城、怀安卫所在地。为叙述方便，我们把唐代所建的怀安县城称为怀安故城，把明代构筑的卫城，后作为县政府驻地，今为怀安城镇所在地的城称为怀安城（图二）。

（一）城池建筑与修葺

怀安城是按明代卫城的规制建造的，民国《怀安县志》载（其他志书记载大体一致），怀安城为明洪武二十五年（1392年）筑，城垣土筑，砖石包甃。城周九里十三步（4550米），高三丈五尺（11.6米），顶阔二丈（6.6米），底厚三丈（10米）。城楼四，角楼四，铺五十三。门四，东曰迎恩，南曰永安，西曰思惠，北曰怀远（原名宁朔）。这是怀安城的基本格局。

明隆庆二年（1568年）巡抚御史王遴疏请重修，欧阳晚的《重修怀城记》有较详尽的记述：

图二　怀安城卫星影像图

"……后西南角楼火焚，迄今未盖。隆庆二年，巡抚御史王遴出巡，阅视城垣不坚，砖石倾坠，非直人疲于修筑，遇警不利战守。因而，会议军门总府诸司，汲汲于斯，可谓虑及万世而不负重任矣。于是封章上闻，特命本路参将贾公国忠督属，分兵伐石陶甓，重葺包砌。隆冬胜暑，二次出塞，躬提师伐木四千余根，以补盖西南角楼，余则分用铺房焉。……至闰六月楼工通完，其城南连垛口三丈六尺，外口敌台二十四座，风门六百七十二处，用过砖三百二十余万个，灰一万五千余石，口粮八千五百余石，盐菜二千七百余两。是用纪之于石，以告夫将来之当事者。"

上述记载基本上明确了怀安城的重修年代和城池的基本结构（图三）。

根据怀安城平面图和安华一、甄国均考察资料可知，怀安城的平面成正方形，四门都筑有长宽各45米的瓮城。南北瓮城城门向东，东西瓮城城门面南。护城河没有修筑，却巧妙地利用天然河流代之。由城南分流的东河和西河分别流经城西、城南和城东，在城北与柳河（北河）汇合，形成环状围城水系，起着护城河的功用。

据载，清乾隆五年（1740年），因山洪暴发，河流泛滥，城西南角被冲毁，城内被淹。之后，知县募民疏通河道，修复城墙，并捐己俸筑起东西长186丈的石坝和66丈土堤。至光绪二年（1876年），城

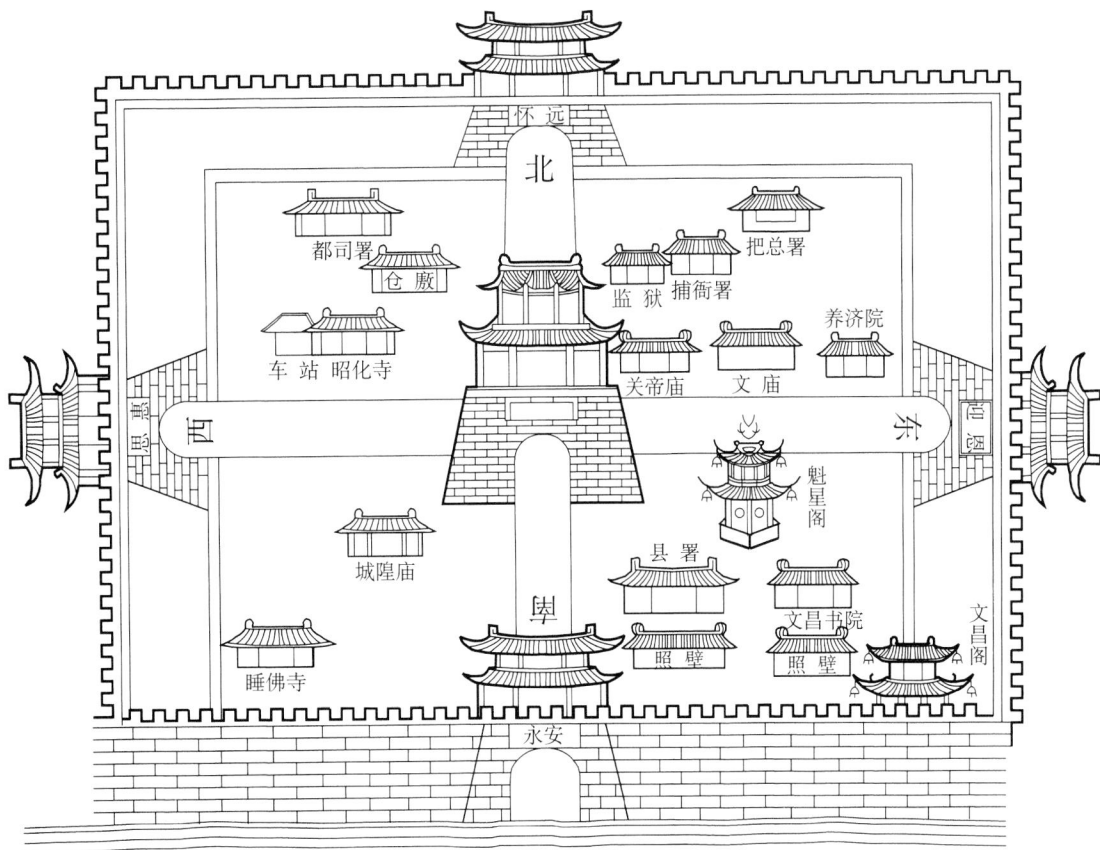

图三 怀安城城池结构示意图

体破败，四个角楼仅存其一。

怀安城的街道较为规整，街道的布局显示出是严格按照规划实施的，其中，东西、南北十字形大街尤为显眼，可见鼓楼、牌楼、寺庙星罗棋布（图四）。

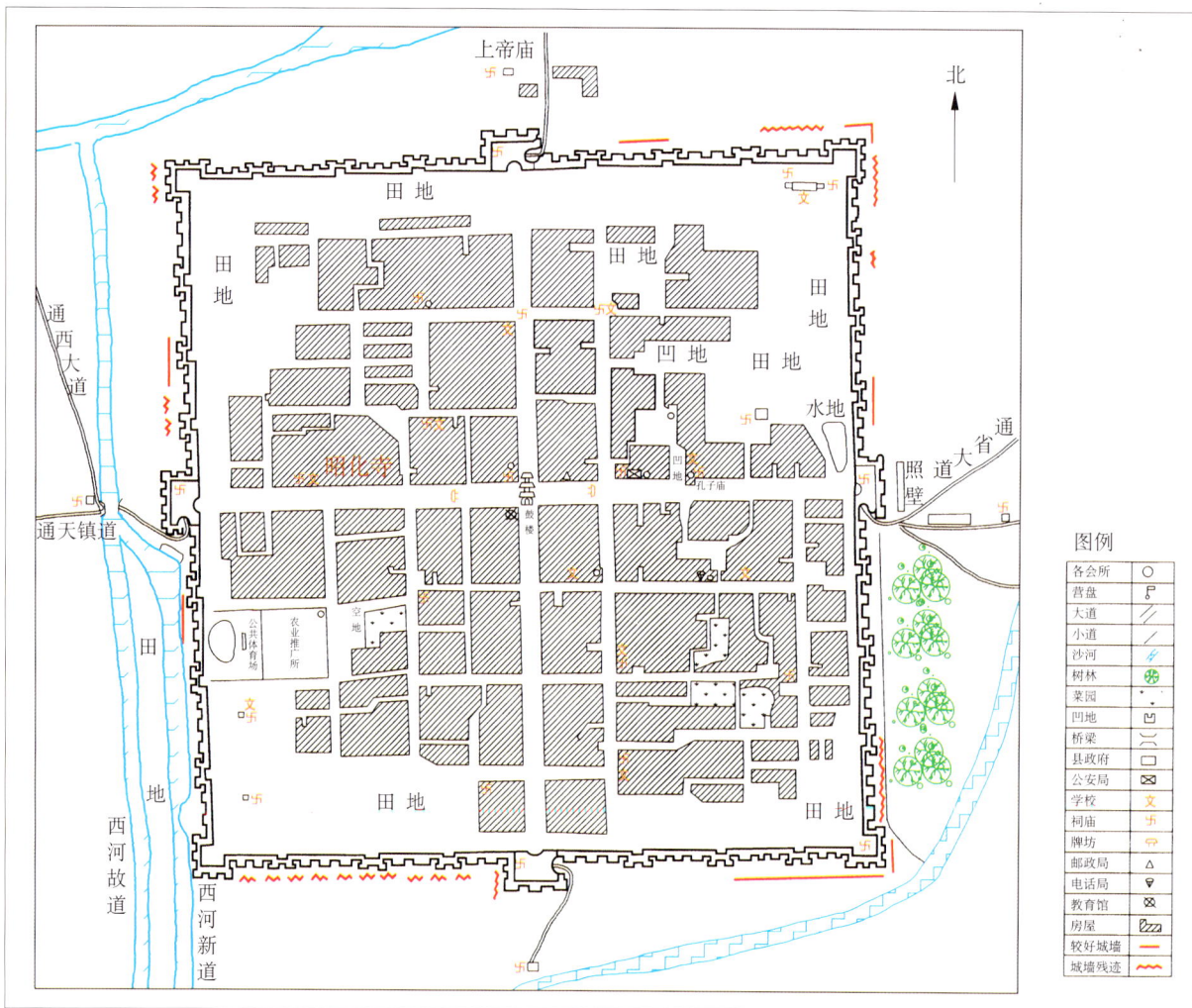

图四　怀安城街道分布图

（二）　现存城墙和民居

经历600余年风风雨雨的怀安城，如今已面目皆非，代之而起的是改革开放以来的新城镇风貌。清末时期，由于多年未修葺，怀安城已经破败不堪，虽然仍有驻兵，但已是寥寥无几。民国年间，官署和寺庙多被学校或机关占用，由于战事频发，城墙、城门遭到破坏或拆除。新中国成立以来，怀安城的城墙和文物古迹也没得到有效保护，建设取土使古城几尽消失，四个城门都被拆毁，除昭化寺外，几乎所有的庙宇及官署都被夷为平地，荡然无存。城墙也惨遭破坏，所剩无几。

城墙　据调查，东城墙：东门已经不复存在，东门以北的墙体还残存两段。一段长约20米，残高

8米。另一段长约50米,为断断续续的残迹。东门以南靠近东南角还保留一段墙体残迹。南城墙:南门的瓮城还保存一些残破的墙体,瓮城的结构还隐约可见(图五)。在城门以东近城角地段,约有100米的墙体保存得相对完好,包砖已全部被拆走,夯土裸露,马面等结构还清晰可见(图六)。城门以西的墙体断断续续,高低宽窄不等,残破不堪,随时有倒塌的危险(图七)。西城墙:西城门已不见踪迹。西门以南近门处现存约40米墙体一段,高约9米,保存相对不错。另外,向南还可见零星残破墙体。西门以北中部保存高约8米,长80米一段墙体,损坏较严重,墙体遗有许多夯筑时穿棍圆孔。北城墙:北门已不复存在,北门东段中部现存约30米墙体一段,高约9米,城西北拐角处保存尚佳,两者之间部分残迹少有分布。北门以西只近拐角处可见零星痕迹。

民居及照壁 新中国成立以后,特别是改革开放以来,伴随政治、经济的飞速发展,城市建设大兴土木,主要街道两侧的旧商号多被新式商业用房替代,为改善生活条件,居民住房也都拆旧换新,历史街道的格局犹存,但街区风貌几乎没有多少历史信息。现存的少数民居,虽然墙体和瓦顶仍保留着古老式样,但前面的门窗和屋内结构都被现代式样所取代。在所保存的民居中,仅有三处保存较好。一处位于十字街北,怀安城镇法庭之后,现存七间旧式建筑,青砖墙,灰瓦顶,有三间门窗为旧式窗扇,窗下槛墙保存有砖雕。另一处为南大街张连选家,为两进四合院,保存较好,可惜门窗都改为现代玻璃窗。第三处是和平街马王庙西巷15号朱炳德家,现存旧式房屋八间,保存较好,其中五间的门窗仍保留原样,三间门窗被改装。

经调查,照壁现存下列几处:文德街,羊市街十字东街23号吴合孝院内一座,砖砌,现高约2.9米,宽约3.8米,须弥座,仿木檐顶,略残,中有"福"字,保存较好(图八);文德街,羊市街十字东街李生祥院内一座,样式、大小同上;至善街,

图五 南城门瓮城保存状况

图六 东南角城墙保存状况

图七 南城墙残墙保存状况

北大街6号宋长安院内一座，高约2米，宽1.5米，砖砌，没有图案，保存较好；另外，南大街东，马王庙西巷11号余福喜院内一座，须弥座，仿木檐顶，保存较好（图九）；东大街路北，明星摄影中心旁院内一座；西大街路北，昭化寺西约50米院内一座。

图八　照壁

图九　照壁

四　昭化寺

昭化寺坐落于怀安城镇，西大街路北，是一组较为完整的古建筑群（参见图三、图四）。1982年，由河北省人民政府公布为省级文物保护单位。2001年，由国务院公布为第五批全国重点文物保护单位。

（一）始建年代

为研究确定昭化寺的修建年代及历史背景，特将寺内所藏《敕赐昭化寺碑》碑文引录如下（图十）。
敕赐昭化寺碑：

　　嘉议大夫巡抚大同宣府都察院右副都御史五羊罗亨信撰
　　嘉议大夫总督宣府等处边储户部右侍郎东吴刘琏书并篆
怀安卫东二十里，昔置怀安县，隶兴和路。元运既终，普天率土，咸归于我。职方以县地临胡虏，尽徙其民，入居腹里；城空厄险，而不利于战守。洪武壬申，乃相西郊，高明夷旷，筑城宿兵以镇焉；卫则因县之旧也。城西隅初创永庆禅寺，为祝禧道场；规模宏豁，神人具瞻。岁久风雨飘零，日就凋敝；于时边镇政毁，修葺有不暇及，竟致倾圮，遗基虽存，鞠为茂草，见者莫不兴叹。永乐甲辰秋，仁宗昭皇帝嗣大历服，更新治化；选将总师，控制西北。复简中官才识超迈者，统领神机，分莅边卫，以时操习，镇御塞垣。于是奉御，柏公玉、武公住相继来御怀安卫。卫所控，东自新河口，西至西阳河，延袤几三百里，俱濒北塞，实为要冲。二公更相往守，二十年于兹。仰赖列圣之威灵，□□□□□□不兴，士卒安于耕牧，未尝有所亡失，恒若有神为之默相者。旦夕思惟，酬答无由，祝延靡所。忽形梦寐，有人对曰："明府欲报四恩，惟修古刹，获福无量"。觉而访之耆旧，曰"城西旧有废寺，时现神光，梦之所感，其惟是邪"。乃斋沐躬谒，拜许鼎新修建，塑妆诸佛；
上祝皇图永固，下保边境清宁。先舍己赀为倡，官
像士庶闻而翕然乐从；咸曰："斯寺之废已久，一旦
幸遇明公举修，殆非偶然"。于是，富者助财，贫者
舍力，谋猷相度，僦工庀材，诹日兴作，治其繁芜；
拓其规制，中立大雄宝殿，次列天王殿，前辟山门，
东居观音罗汉，西奉地藏十王，后建三大士殿，伽
蓝护法，各有位次。藏经有殿，僧房丈室，庖湢廪
库，供具器物，种种咸备。修廊广厦，栋宇翚飞。曲
槛雕阑，榱题藻丽，像设尊严，金碧炳焕，诚足以
觉群迷而化善类矣。经始于正统改元丙辰二月，落
成于癸亥春二月，二公之用心，可谓勤且劳矣。乃
具本末，疏闻于朝，特奉玉音，赐额曰昭化寺。命
仪曹授僧人印稳为住持，俾率其徒，披诵真诠，以
祈景贶。复念斯寺之建，非一日而成，苟无文以纪
其绩，将何以示后人。因奉状征予言，勒诸贞石，以
垂不朽。呜呼，粤自如来灭度，象教东传，迄今千
三百八十余载矣。凡有国家者，咸知尊奉以裨政化。
然丛林大刹，宏豁壮丽，则又莫过于今日；其据
阛阓，而擅形胜者，殆周于天下，何其盛哉！二公
来御是邦，同寅协恭，抚绥士卒，政教兴行，兵民
咸遂。不惟克举其职，尤能集福以利于人，其志诚
可嘉矣。后之嗣守于斯者，尚思前人创建之勤，相
与维持协赞，而无或弛。则香火绵绵而不替，福泽
弥远而弥隆，是寺历百世而愈昌矣。系以铭曰：佛
法东传，肇于后汉，历代咸尊，华夷靡间。塞北藩
镇，曰惟怀安，昔建梵刹，化导愚顽。岁久圮倾，崇
基俨若，鬼神护呵，有待兴作。中官出镇，瞻拜叹
惊，自任其责，鼎新建营。首捐己赀，复化众力，焦
思劳心，不懈朝夕。八载工成，厥惟艰哉，诸天像
设，堂殿周回。伐鼓考钟，晓参暮礼，缁衲云从，金

图十 《敕赐昭化寺碑》碑文拓片

仙庞止。降福简简，密神化机，兵无战伐，民乐雍熙。圣子神孙，安居天位，丕烈显谟，昭于万世。

　　大明正统十年岁次乙丑九月九日立石

　　瑞阳李铭镌

　　从碑文分析，怀安城修筑于明洪武二十五年。城西隅原有永庆禅寺，因天长日久，修葺不暇，日就
凋敝，仅存遗基，且始建年代不详。看来，昭化寺和永庆禅寺没有直接的继承关系，昭化寺只是在永庆
禅寺的废墟上修建的，也不是重建关系。鉴于碑文记载十分清楚，即昭化寺始建于正统元年，竣工于正

统八年，历时八载，我们赞同这种意见。最近，在三大士殿的修缮过程中，在随檩枋下发现"大明宣德八年(1433年)岁次癸丑庚申月庚申日庚辰时重建"墨书。这与碑文所载略有出入，比碑记年限提前了3年。

关于昭化寺的始建年代，还存在一些不同意见。一种意见认为，昭化寺原称永庆禅寺，始建于汉代，系怀安城最古老的寺院，明洪武三十年（1397年）扩建，正统八年重修，英宗帝赐额昭化寺。这里的问题在于永庆禅寺的始建年代证据不足，扩建说与志书所载不一；另一种意见认为是明洪武三十年，据查，其唯一的依据是民国《怀安县志》寺观登记表格中的记载，即"洪武三十年建，正统十年重修"，此据不够翔实；在昭化寺的一些建筑的大梁上，确有某年重建或重修的墨书，对于昭化寺建设而言，这些表述似有不妥之处。

（二）管理维修

明清时期，昭化寺肯定经过多次修缮，否则保存较鲜明的明代早期特色的建筑群难以保存至今。但是，在志书中，仅有明正统十年重修的记载。此说有误，可能指该寺的重建，因为新建的昭化寺仅落成两年，不可能再进行重修，因此其与事实不符。目前所知历史维修实例仅有一次，1982年，徐建中在维修昭化寺大雄宝殿时，在殿顶东、西山面上发现明正德九年（1514年）刻于琉璃砖上的字迹：东山面博脊刻有"山西汾州介休县，张家里琉璃匠人，□□□□□，四□蛮子，正德九年七月十八日。"西山面博脊刻有"修造僧人本圆、门徒了宁、了明，舍人胡珽造宝瓶，信士贺锦造吻，舍人黄玺造吻，总□杜恺造脊，在明正德九年七月十八日"。除此之外，史籍中还没有发现修缮昭化寺的记录。

据志书记载，至民国二十三年（1934年），昭化寺已无僧人和香火，而由当时初级第五分校使用。1952年，这里为怀安城第二小学校区，初级第二小学占用期间，将大雄宝殿内四分之三的天花板及龙骨拆掉，用于校舍建设。在天王殿和大雄宝殿间加建了一排教室。1958年，山门前一对铁狮子被回炉炼铁。"文化大革命"贫下中农管理学校期间，宝塔被拆除，寺内塑像、悬山被毁坏，局部壁画被破坏。原宁殿、钟鼓楼被拆。同时，学校为扩班添制桌凳，将大殿内所剩天花及塑像后面的两根通天柱锯走，并将所剩龙骨拆走。而三大士殿两侧的耳房，也是这一时期拆毁并新建的。据调查，昭化寺内原有碑刻五通，除原碑楼里的敕赐昭化寺碑外（现存大雄宝殿内），原来山门前立有两通，大雄宝殿前立有两通。经在怀安城内外调查，没有发现其踪迹。

严格地说，昭化寺的保护工作始于20世纪50年代初，当时，日常保护管理工作由县文化馆负责，1985年县文物保护管理所成立后，开始负责昭化寺的日常管理工作。

1981年，开始设置昭化寺文物保护员。1982年，昭化寺被公布为河北省文物保护单位。1989年，经多方努力，第二小学将昭化寺的主要建筑腾出，交由文物保护管理所管理，但仍占用着后院的部分土地。2005年，第二小学才全部迁出。

昭化寺的日常养护和维修工作开始于1979年，历年的养护和修缮工作如下：

1979年，河北省文物局拨款500元，由县文化馆负责维护了大雄宝殿殿顶。

1981年，河北省文物局拨款1000元，由县文化馆维修大雄宝殿门窗。

1982年，河北省文物局拨款200元，由县文化馆在大雄宝殿门窗上制钉铁纱窗。同年河北省文物局还拨款2000元，由县文化馆维修了大雄宝殿殿顶及墙壁。

1986年，河北省文物局拨款4000元，用于维护大雄宝殿殿顶。

1990年，河北省文物局拨款10000元，由河北省古代建筑保护研究所负责对大雄宝殿壁画进行了保护维修。

1992年，河北省文物局拨款3000元，由县文物保护管理所负责，对昭化寺部分围墙进行了修整。

1994年，河北省文物局拨款30000元，由县文物保护管理所负责维修了大雄宝殿殿顶。

1998年4月，河北省文物局责成河北省古代建筑保护研究所委派专业队伍，对昭化寺进行了初步勘察，为制定维修保护方案做准备工作。项目负责人孙荣芬，勘察人员有田林、孙荣芬、刘苗苗、李拥军和张剑玺。8月，编制出了《怀安昭化寺修缮方案》（未实施）。

1999年，河北省文物局拨款10000元，由县文化体育局负责修整昭化寺围墙。

2000年，河北省文物局拨款80000元，由河北省古代建筑保护研究所抢修了大雄宝殿瓦顶后坡。

2003年3月，河北省古代建筑保护研究所再次受怀安县文化体育旅游局的委托，对昭化寺进行现场调查，编制了《张家口昭化寺修缮工程勘察报告及设计方案》。勘察人员有孙荣芬、杨静和赵喆。同年7月，河北省文物局向国家文物局上报了《河北省文物局关于呈报怀安昭化寺修缮工程设计方案的请示》，原则同意对昭化寺进行全面维修。

2004年1月，国家文物局下达了《国家文物局关于怀安昭化寺修缮工程设计方案的批复》，原则同意所报方案，并提出四条意见：一、昭化寺建筑群既有明代建筑痕迹，又有地方建筑风格特征，因此应严格按照"不改变原状"的要求慎重处理，避免依习惯做法对缺损部分进行"复原"，如山门台基做法等应尽可能调查原做法痕迹，如需复原则应提出复原依据。二、最大限度地保留和使用原构件，如山门山墙可采取补砌的维修措施，以减少对文物建筑的干扰。三、昭化寺壁画具有很高的文物价值，应深化壁画现状保护设计方案。四、补充西配殿基址展示的详细做法说明。

2005年5月，怀安县文化体育旅游局委托河北省古代建筑保护研究所启动了昭化寺古建筑群的全面维修工作。

（三）调查研究

在史籍中，有关昭化寺的调查研究工作记述较少，民国年间编修的《怀安县志》将昭化寺的保存情况曾列表登记如下："位置方向：城西大街南向；间数：大门三间，东西配房各三间，天王殿三间，东西大楼各一间，大佛殿五间，东西配殿各五间，后殿三间，八角碑楼一座；建造年月：洪武三十年建，正统十年重修；现在状况：初级第五分校占用；有无看守及香火庙产：无；备考：有透灵碑一座，高丈余，字体工整。有宝塔一座，共分三层，高约五丈。有铁狮子一对。"该志书成于民国二十三年（1934年），说明1934年前，昭化寺的保存情况较好，基本建筑和格局几乎完好无缺。这时已没有僧人和香火，由初级第五分校占用。

昭化寺的调查研究工作始于1937年，日本学者伊东忠太曾做过初步调查，并在昭和十一年（1937年）出版的《东洋建筑之研究》（上）有所记述，简文如下："昭化寺俗称观音寺，平面布局如图十一。面南中央有山门，为单檐四坡（庑殿）顶，屋脊中央施有极为复杂的装饰，部分与道教庙宇的装饰相似。山门左右有腋门。腋门斗拱、悬鱼的形制颇为特别（图十二）。山门往里为碑楼，单间四面，表示向四方膜拜，屋顶为四面歇山十字脊博风人字板，正脊中央施特殊的装饰，其轮廓颇为奇特。碑额题'敕赐昭

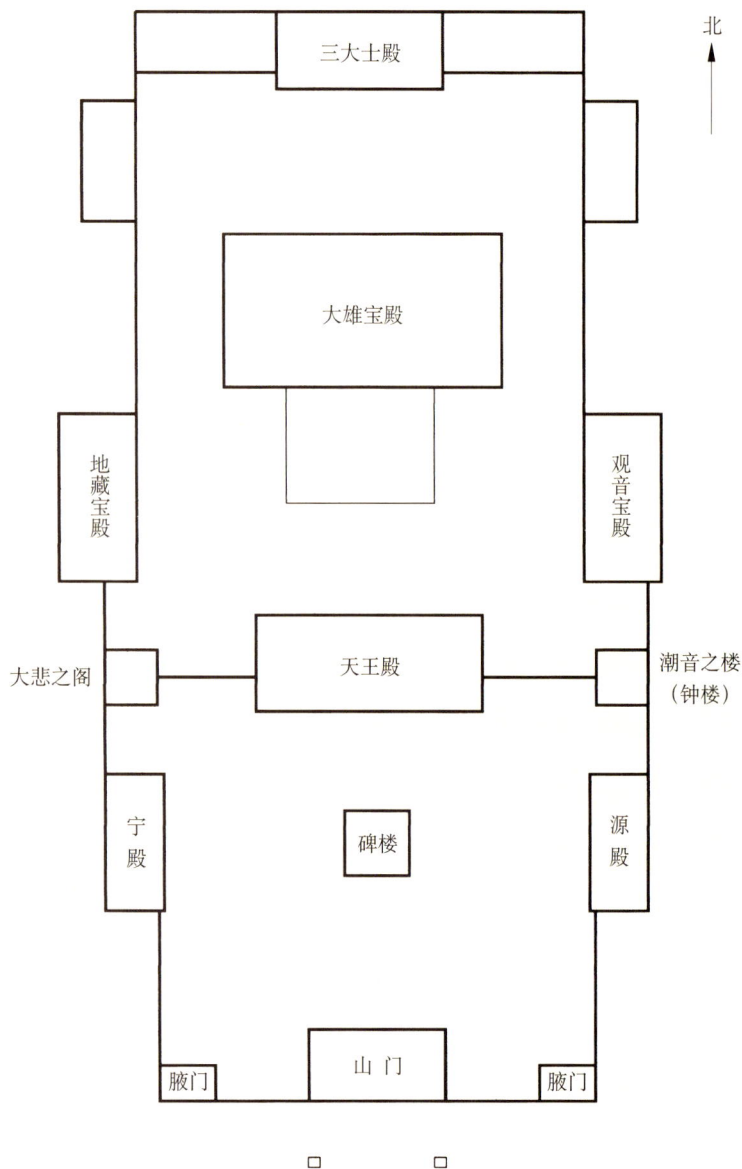

图十一　昭化寺总平面图（引自伊东忠太，1937年）

化寺碑'，款为'大明正统十年岁次乙丑九月九日立石'，应为重修此寺院时所立。碑楼左右有宁殿、源殿。后有天王殿，供奉喇嘛教的四大天王。天王殿左右有楼，东称潮音之楼，即钟楼，西称大悲之阁，也是供奉观音的地方。二楼形式相仿，歇山十字脊。图十三为天王殿绦环板雕饰。图十四是天王殿的悬鱼，其缺损部分用点线补齐。我们在这里始得悬鱼有鳍的例证。"

"过了天王殿，东有观音宝殿，其构造形式都相仿。图十五是地藏殿的梁架结构。大雄宝殿是寺庙的正殿，供奉释迦牟尼，造像十分优美，其背光有迦楼罗，证明是受喇嘛教的影响。建筑为单檐歇山式建筑，有悬鱼，隐在博风里面，山墙的装饰不能详见。图十六是前后檐平身科。我们在这里才见得真正的悬鱼及门扉装饰等颇具匠心的作品。"

在寺庙的保存和布局上，伊东忠太的调查与民国《怀安县志》的记载大体一致，这时，昭化寺仍然保留着完好的格局。伊东忠太绘制的昭化寺总平面图是我们所知最早、最完整的建筑布局图件，而且，各个单体建筑不仅存在，还有各自的名称，是非常珍贵的资料。但是，他没有在总平面图中标示出宝塔的位置，也没有进行描述，看来是忽略了它的存在。

直到事隔50多年后的1994年，怀安县文物保护管理所的徐建中对昭化寺进行了初步研究，并公布了他的《昭化寺始建年代及明代修缮情况调查》，其结论是昭化寺建于明正统元年，大雄宝殿于明正德九年进行过维修。这时，除山门、天王殿、大雄宝殿、三大士殿和源殿外，其他建筑都已不复存在。同时东部和西部的围墙也被道路和民房侵占。

1996年，徐建中又发表了《昭化寺大雄宝殿壁画初探》，对昭化寺大雄宝殿壁画保存的尺寸、幅数、

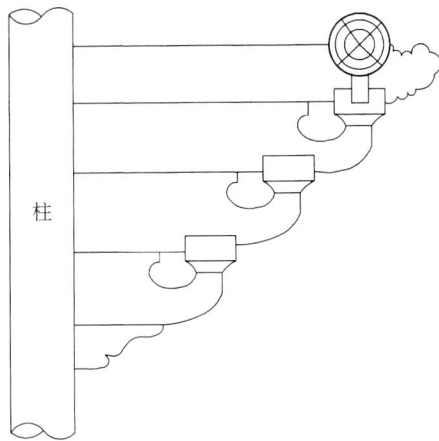

图十二 腋门斗拱、悬鱼（引自伊东忠太，1937 年）

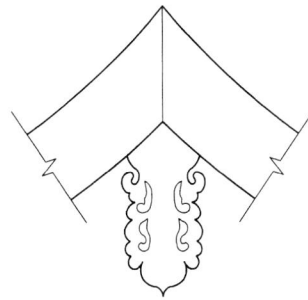

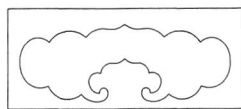

图十三 天王殿绦环板雕饰
（引自伊东忠太，1937 年）

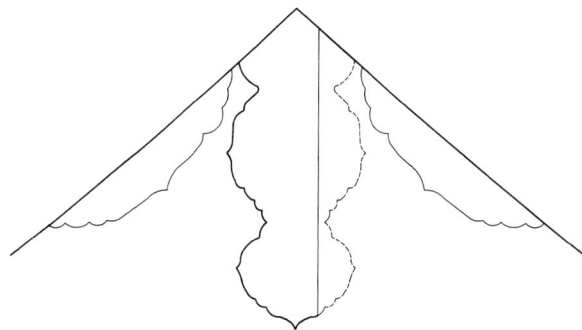

图十四 天王殿悬鱼（引自伊东忠太，1937 年）

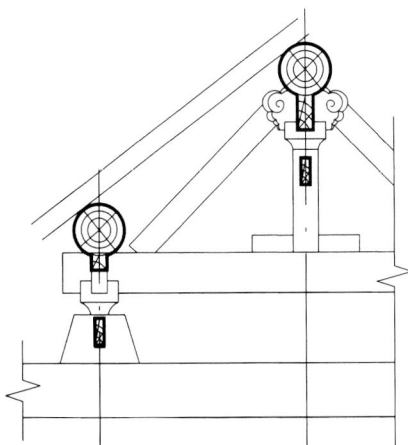

图十五 地藏宝殿梁架结构
（引自伊东忠太，1937 年）

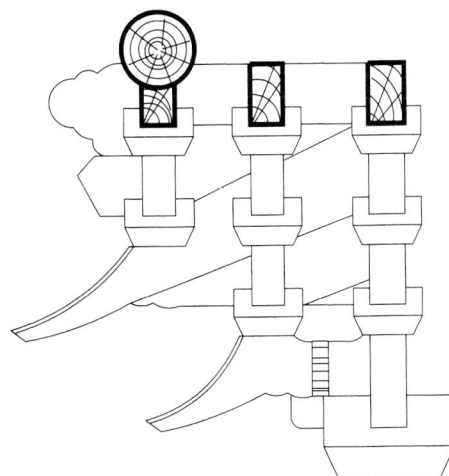

图十六 大雄宝殿平身科剖面
（引自伊东忠太，1937 年）

内容、画工、作者及年代进行了分析研究，根据发现的题记，认定壁画为任朝相所绘，并完成于明嘉靖四十一年（1562年）。

1997年7月，宿白、徐苹芳先生在考察昭化寺的过程中，对寺庙及壁画给予了很高的评价，当即表示支持申报全国重点文物保护单位。宿白先生在1998年发表的《宣化考古三题》注5中，对昭化寺作了如下记述。"宣化地区明代建筑多异于官式。1997年7月过宣化西北的怀安又获一例。怀安县城西大街昭化寺，据曾撰《宣府镇城记》的罗亨信于正统十年所撰《昭化寺碑》，知寺'始于正统改元丙辰二月，落成于癸亥春二月'（该碑现存寺大雄宝殿内，《民国怀安县志》卷九《艺文志》有录文）。按该寺中轴线上的山门、天王殿、大雄宝殿、三大士殿四座正统原建，现尚存在（天王殿脊枋有墨书'大明正统肆年（1439年）…重修'一行）。山门庑殿顶，未施斗拱。天王殿歇山顶，用单昂斗拱。大雄宝殿歇山顶，用单翘重昂斗拱（翘头出跳短促，颇为特殊），此殿与天王殿厢拱两端皆斫出抹斜面，大雄宝殿最惹人注目处是纵向构架的梁柱结构。三大士殿悬山顶，斗拱用斗口跳。以上四座建筑平板枋出头俱作出海棠曲线，额枋出头皆垂直截去。上述情况，似可说明山后州县在建筑规制上，至少在明代前期仍保有浓厚的地区特点；而建筑本身的等级标志，清晰明确，尤为难得的佳例"。

1999年，河北省古代建筑保护研究所孙荣芬对昭化寺进行了调查测绘，并刊发了《昭化寺调查记》。孙荣芬的工作较扎实，报告系统完整，对昭化寺的整体布局、山门、东配殿、天王殿、大雄宝殿、三大士殿都进行了描述，并配有精美的平剖面结构图。最后，作者总结了这一建筑群的构建特点，认定其仍保存着明代早期建筑的主要特征。严格地说，这是昭化寺第一个科学调查报告。

2003年，通过请教宿白先生，从北京大学图书馆找到伊东忠太的调查资料，方知我们对昭化寺了解甚微。为了证实他所示昭化寺建筑群的整体布局，河北省文物研究所于2004年8～9月对昭化寺进行了科学调查和发掘工作，领队雷建红，参加工作人员还有任涛、梁亮、石磊和徐建中等。这次工作基本上搞清了建筑群的布局，调查到塔的位置，将所有单体建筑位置基本考察清楚，对重点建筑的基址进行了考古发掘，并获得一批较为重要文物构件。

2006年，徐建中的《怀安昭化寺大雄宝殿水陆画》公布，着重介绍该殿壁画的布局、幅数和面积，并对壁画的特征进行了初步研究。

（四）考古发掘

由于昭化寺的保存状况较差，部分原有建筑无存，整体布局不清楚。为了更有效地保护珍贵文化遗产，为昭化寺保护方案和保护规划编制提供科学依据，河北省文物局委托河北省文物研究所会同张家口市文物局、怀安县文物保护管理所联合组成考古队，对昭化寺进行了科学勘察和发掘。

考古勘察与发掘工作始于2004年8月28日，9月20日结束，为期20多天。考古勘察、勘探面积总计约2700平方米，确定了碑楼、宁殿、钟楼（潮音之楼）、鼓楼（大悲之阁）、观音宝殿、地藏宝殿及三大士殿的东西配殿具体位置和大小范围。并对碑楼和钟楼的建筑基址进行考古试掘，发掘面积总计约200平方米，为保护工作提供了科学依据和基本数据。

1. 考古调查

昭化寺位于怀安县怀安城镇西大街路北，东经114°27'，北纬40°27'，海拔1043米，东、西两面为民宅，现占地面积3648平方米。寺院坐北朝南，方向170°，主体建筑坐落在南北向中轴线上，依次为山门、天王殿、大雄宝殿、三大士殿。

通过走访当地年龄比较大的村民得知，原昭化寺的占地范围较现存范围要大得多，东西两侧约外扩 30 余米；山门前有铁狮两个；山门两侧各设一便门，位置与现昭化寺大门和怀安二小的大门大体相同，门宽约 1.5 米，门柱两侧使用戗柱；另外，在昭化寺后部，东北距三大士殿约 78 米处，曾建有砖塔一座，塔高约 15 米，塔基为圆形，直径约 9～10 米，塔身分三部分组成。最下一层为夯土，第二层为石头砌成，第三层为砖砌，内置楼梯，可以上下。调查情况与伊东忠太调查情况大体一致。

2. 考古勘探

勘探方法：

根据文献记载有关昭化寺建筑规模和布局，结合中国古代建筑群的特点，以山门-天王殿-大雄宝殿-三大士殿的中点为中轴线，在此中轴线上每隔 2 米布一探孔，然后向东向西扩展钻探，发现地下建筑遗迹，再采用十字布孔法卡出其四至范围。采用这种钻探方法，避免探孔过密，对建筑基址造成破坏。

钻探收获：

通过勘探基本确定了碑楼、宁殿、钟楼、鼓楼、观音宝殿、地藏宝殿、东配殿和西配殿、大雄宝殿月台及各殿之间甬路的位置和范围（图十七）。勘探结果表明，寺院内各建筑基址破坏比较严重，大部分基础已遭到破坏。

碑楼　位于山门和天王殿之间，距山门后门 7.2 米，天王殿前门 4 米。基址平面呈八角形，直径约 7.5 米，长边约 4.5 米，短边约 2.5 米。

宁殿　位于天王殿和山门之间的西侧，与源殿相对应，南北长约 11 米，东西宽约 7 米。

钟楼（潮音之楼）　位于天王殿东侧，距天王殿台基东侧 5.2 米，源殿北山墙 2.8 米。台基平面呈正

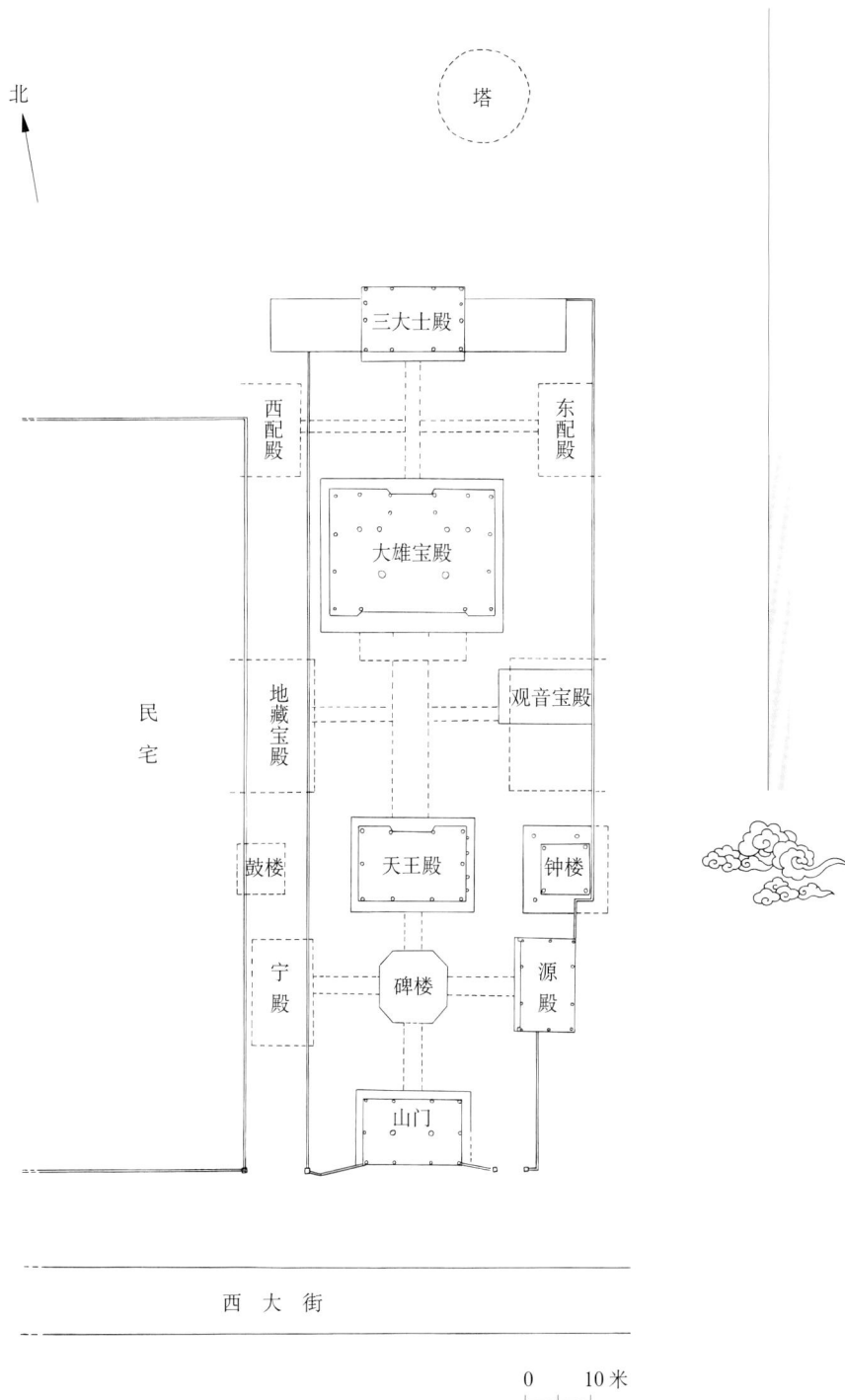

图十七　昭化寺建筑基址分布平面图

方形，东边民居压住部分台基，南北长约 9.2 米，东西宽约 7.6 米。

鼓楼（大悲之阁）　位于天王殿西侧，距天王殿台基西侧 7 米。南北长约 6 米，东西宽约 5 米。

观音宝殿　位于天王殿和大雄宝殿之间的东侧，南北长 14.2 米，东西宽 8.6 米，现寺院东墙外民宅下尚存部分基址。

地藏宝殿　位于天王殿和大雄宝殿之间的西侧，南北长 14 米，东西宽 7.4 米。

西配殿　位于大雄宝殿和三大士殿之间西侧，南北长 9.8 米，东西宽 5.8 米。

东配殿　位于大雄宝殿和三大士殿之间东侧，南北长 9.9 米，东西宽约 5.8 米。

甬路　勘探确定的甬路共 6 条，分别是：

（1）山门－天王殿甬路，宽约 1.6 米，长约 18 米。

（2）源殿－宁殿甬路，宽约 1.6 米，长约 22 米。

（3）天王殿－大雄宝殿甬路，宽约 2 米，长约 16.4 米。

（4）观音宝殿－地藏宝殿甬路，宽约 1.5 米，长约 21 米。

（5）大雄宝殿－三大士殿甬路，宽约 1.5 米，长约 12.2 米。

（6）东配殿－西配殿甬路，宽约 1.2 米，长约 26 米。

大雄宝殿月台　位于大雄宝殿正门台基前面，东西长约 11.8 米，南北宽约 3 米，地面铺砖。

3. 考古发掘

勘探结果表明，西路的宁殿、鼓楼、地藏宝殿、西配殿均被压在西部道路之下，东路的观音宝殿被压在现代房屋下，东配殿被现代防空洞所破坏，发掘存在很大困难，因此我们选择对碑楼和钟楼基址进行了考古发掘。

碑楼基址：

位置：

碑楼位于山门和天王殿之间，处在昭化寺南北向中轴线上，靠近天王殿。布探方 10×9 米，方向 170°。

地层堆积：

第一层：现代层，厚约 0.08～0.12 米。土质疏松，内含现代杂物。

第二层：民国层，厚约 0.07～0.1 米。土质较硬，包含物有泥质灰陶盆、小罐口沿、器底及残片和酱釉、黑釉瓷碗底、口沿及残片。碑楼基址和寺院原始地面压在此层之下。

形状与结构：

碑楼台基平面呈八角形，直径 7.5 米，长边 4.4 米，短边 2.5 米（图十八、十九），台基已经被破坏，仅存底部，台基四周为单砖包砌，残高 0.2 米，砖内侧为 1 米宽的碎石填充，台基中心部分为长 5.5 米、宽 5.4 米夯土硬面。四角发现柱础痕迹，分别编号为 ZHCH1-4，形状均为方形，1 号柱础 0.75×0.95 米，2 号柱础 0.7×0.8 米，3 号柱础 0.75×0.75 米，4 号柱础 0.85×0.85 米。夯土北部发现柱洞两个，分别编号 ZHD1-2，1 号为半圆形，直径 0.2 米、深 0.5 米，2 号为圆形，口部直径 0.35 米、底部直径 0.12 米、深 0.5 米。初步分析认为这两个柱洞应是后来形成的，而非碑楼台基上原有的遗迹。夯土中部有一圆角长方形土坑，长 3.1 米、宽 2.8 米、深 0.9 米，在坑内发现一个石赑屃（图二十）。石碑与碑座断裂，石碑现存于大雄宝殿内，碑文记载了昭化寺的始建年代、各殿名称及历代重修情况。坑内堆积大量建筑构件，有吻兽、宝顶、垂脊兽和小跑等残片。根据发掘情况分析，石赑屃原来应该是放置在台基表面中部的，

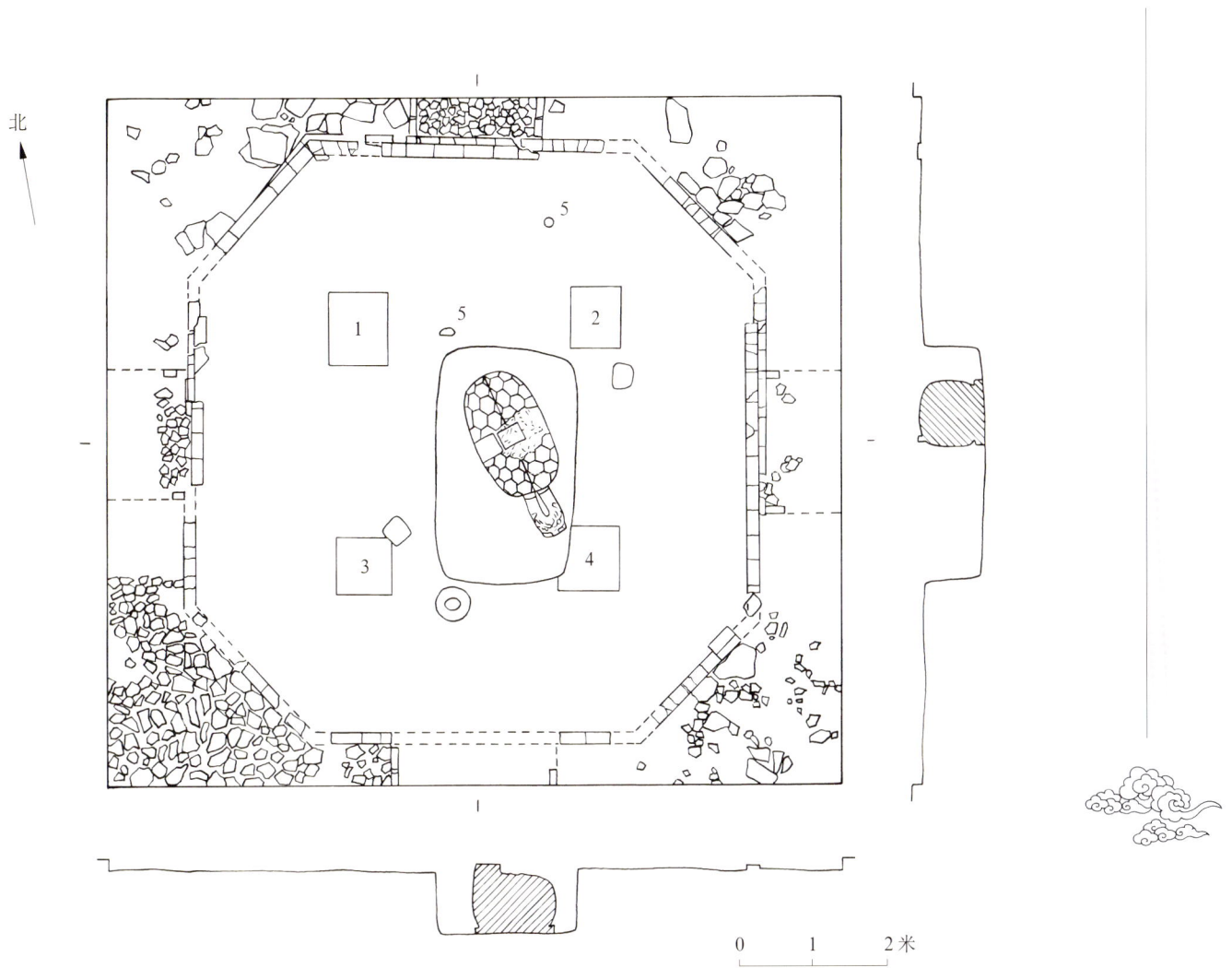

图十八 碑楼基址平面图

1~4.柱础痕迹 5.柱洞

图十九 碑楼台基

图二十 石赑屃

后来钟楼被拆，台基塌毁，人们想利用这块地方做为活动场所，就必须迁移走石赑屃，考虑到赑屃的体积和重量都比较大，不易挪动，因此采取就地挖坑掩埋，既省事又省力。

碑楼外结构（图二十一）：

甬路：碑楼外东西南北四面有甬路与宁殿、源殿、山门、天王殿相通。北甬路宽1.85米，弧面，尚保存完整的卵石块铺面，面宽1.65米。其余三条路的卵石块铺面均被破坏，南甬路宽2.2米，西甬路宽1.9米，东甬路宽1.9米。

前院：在碑楼台基西侧发现普遍平铺一层卵石块，这应为寺院的原始地面。勘探中发现，在前院西部和西南部也均铺有卵石块，因此，初步分析当初前院地面应为卵石铺面。

钟楼基址：

位置：

1

2

3

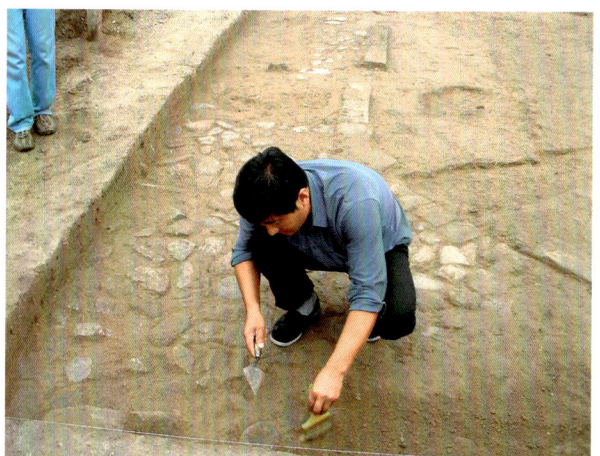

4

图二十一　碑楼基址发掘状况

1. 散水　2. 石赑屃　3. 甬路　4. 清理散水

钟楼位于天王殿的东侧，源殿的北侧。西距天王殿台基东侧为5.2米，南距源殿北山墙2.8米。布探方13.5×8米。

地层堆积：

第一层：现代层，厚0.2米～0.6米，土质疏松，内含现代杂物。

第二层：民国层，厚约0.07～0.1米。土质较硬，包含物有泥质灰陶盆、小罐口沿、器底及残片和酱釉、黑釉瓷碗底、口沿及残片。

钟楼夯土台基部分上仅覆盖一层现代建筑废弃物，钟楼散水和寺院原始地面一般被一、二层压着。以原始地面为标准（卵石面），钟楼台基高0.37米，现代地表高0.3米。

形状与结构：

钟楼台基平面近似正方形，南北9.35米，台基东墙以东部分压于寺院东边民居下，根据现存遗迹推测东西为9.1米（图二十二、二十三）。台基高0.37米（以原始地面为参照）。建筑方法为地上起夯土台基，夯土台基以砖包面（土衬石及斗板石都以砖代替），立面最下一层砖（土衬石）与上一层砖向外叠错9厘米（金边）。台基最下一层砖（土衬石）露土部分为6厘米。

钟楼墙基距台基边缘2米，残存高0.6至0.12米，内墙南北3.25米，东西3.3米；外墙南北5.35米，东西5.4米。墙体厚1.05米，内宽0.7米，壁内填充物为土和碎石，砖墙使用的砖尺寸为长36、宽16～17、厚5.5～6厘米。垒砌方法为平砖错缝顺砌。墙内四角立柱（边角柱），现存3个柱础石，分别位于西南角（1号）、东南角（2号）

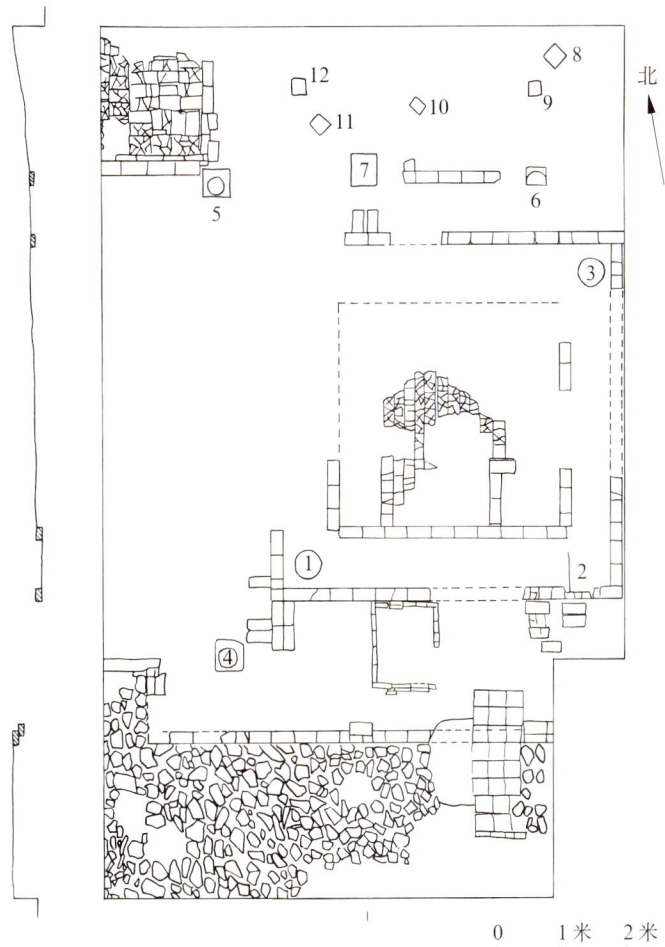

图二十二 钟楼基址平面图
1～6.柱础石 7.柱础痕迹 8～12.柱洞

图二十三 钟楼基址

和东北角（3号），西北角柱础石已被破坏不存，残存柱础痕迹为方形0.4米×0.4米。1号柱础石为圆形，直径0.42米；2号柱础石为方形，边长0.55米×0.6米；3号柱础石为圆形，直径0.38米。室内地面为一层砖砌地面，厚0.055米～0.06米，因长期踩踏已破碎，大部分已被破坏不存（图二十四）。

由于台基被破坏严重，门的位置、形状、结构不详，据当地年岁较大的老人讲，钟楼的门在西面，鼓楼的门在东面，因此推测门的位置应在西侧，因西侧已破坏，故门的大小及门槛、门两旁立柱等情况不详，方向应为260°。门道宽0.95米，残高0.1米。门道南北两边用砖垒砌，分别与檐廊的南北两边廊柱平齐，向西延伸与路面相连。

台基四周设檐廊，形状近方形，边长为7.15米，宽2米，檐廊上置一圈廊柱（檐柱），距屋壁0.9米，距台基外边1.1米（下出），上边（下出部分）无压栏石（可能用砖代替）。共发现柱础石3个，分别位于西南角（4号）、西北角（5号）、东北角（6号）。4号与墙体内的1号、3号柱础石处在一条对角线上，

1

2

3

4

图二十四 钟楼基址发掘状况

1. Ⅰ型柱础石（标本ZHCH：1） 2. Ⅱ型柱础石（标本ZHCH：2） 3. 回廊 4. 土衬石

5号与墙内的西北角柱础痕迹、2号柱础石处在一条对角线上，根据古代建筑特点，我们推测在两条对角线上应各有4个柱础石，因此在檐廊的东北角和东南角应还各有1个柱础石。北边檐廊两角柱间还发现6号柱础石和1个柱础痕迹，由此推测檐廊每边各有4个柱础，整个檐廊共有12个柱础。4号柱础石为下方上圆，上部直径为0.26米，下部边长为0.42米；6号柱础石为圆形，直径0.24米；5号柱础石为圆形，直径0.24米。

台基南侧发现东西向散水（图二十五），以砖框边，内嵌卵石。台基西北为砖铺地面，分上下两层，砖大小也不同，上层砖应是晚期塌陷后又垫一层残砖形成的。台基北侧有夯土与之相接，宽1.4米。台基下有柱洞5个，最东端柱洞距东壁0.5米，由东向西排列，其间隔分别为0.3米、1.65米、1.3米、0.4米。推测其作用是为防止钟楼台基滑塌、下陷而采用地下打木桩，加固处理。

台基的建筑材料为砖、石、夯土。整体建筑材料应为砖、石、瓦、木、夯土。在堆积层未发现用于地上建筑构件的铁钉，因此梁架柱檩应为榫卯连接。

相关遗迹：

（1）台基南侧上部发现一近现代房址，位于建筑废弃堆积层中（深0.3米），其下仍为建筑废弃堆积（包含物为大量的建筑构件：泥质灰陶残砖、瓦、脊兽、琉璃构件等），此房址为正方形，边长2.8米，利用原寺院东墙为东壁，源殿北墙为南壁，西侧敞口为门，北侧为夯土墙，利用寺内废弃的砖铺地，寺内柱础置于地面，上立柱起支撑顶棚作用。包含物为残砖、瓦等建筑构件和炉具、灰渣、水泥等现代垃圾。

图二十五 钟楼散水

（2）台基南侧与原始地面同一深度发现砖铺地面，形状为东西0.94米，南北2.1米。砖为方砖，规格为26厘米×26厘米，厚6厘米，砖铺地面南部为一排立砖，长84厘米、厚6厘米、高18厘米。砖铺地面破坏钟楼夯土台基南侧约30厘米。

（3）砖铺地面西侧为一排筒瓦整齐覆盖，南北呈长方形，北侧压于台基最外包边砖（土衬石）上，长1.25米、宽0.45米，下为九层筒瓦覆盖，夹杂少量残瓦，延伸至东侧砖铺地面之下，深约0.3米。

（4）筒瓦西侧为砖砌台阶形遗迹，为横砖立砌边框，北端贴于台基上墙之南壁与台基面平，南端至台基最外包砖北0.4米处起横立砖二排。此台阶形遗迹东西为1.7米、南北1.15米，在中部南北向立砌砖一道，将此台阶分成平均两部分。据老百姓讲，这是现代人们利用钟楼时，在此开辟的门。

根据发掘情况分析，上述四处遗迹应为现代人们破坏所形成的。

采集和出土遗物：

出土遗物主要是建筑构件，以陶器为主，也有琉璃器和石器，大部分建筑构件残缺不全，现择要介绍如下。

陶质构件：

（1）力士　2件，均残缺。标本ZHZL：1（图二十六、二十七），头及双臂残缺。上着交领短袖衣，肩披垂摆，胸、腹系带，前面打结，下着铠甲，脚穿靴，马步立于筒瓦上。厚14.1、宽24.6、残高34.5厘米。标本ZHZL：5（图二十八、二十九），头及双臂残缺，上身赤裸，坦胸露乳，腹裹护革，腰系带，前面打结，下着短护甲，脚穿靴，马步立于筒瓦上。厚12.6、宽28.5、残高34.5厘米。

（2）贴塑　1件，标本ZHZL：10，（图三十、三十一：1）残缺。宽边沿，外饰一周圆饰状凸线纹，中

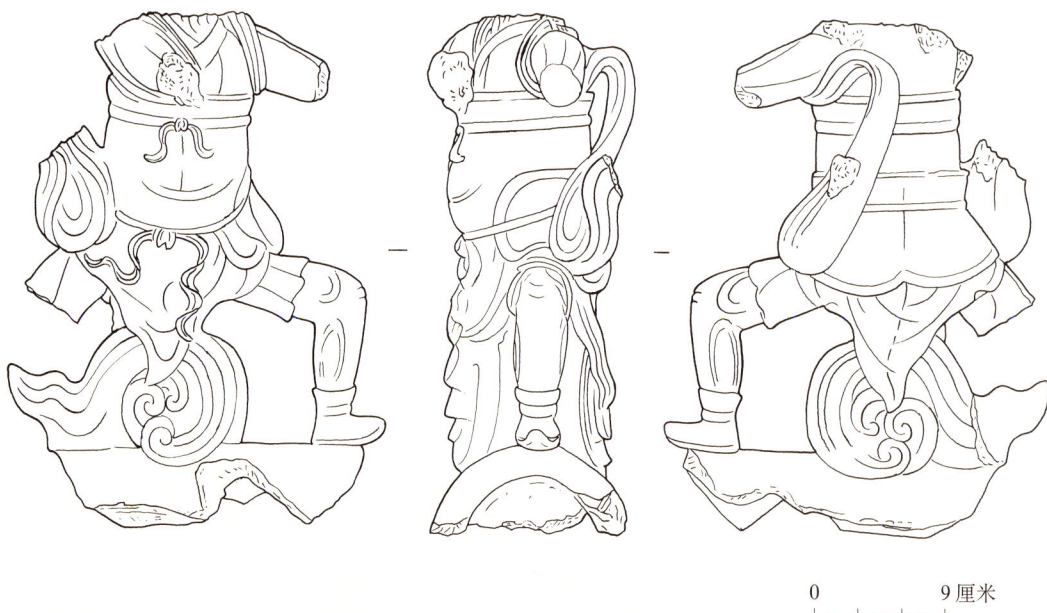

0　　　　　9厘米

图二十六　力士（标本ZHZL：1）

部为木纹回字形底纹，上面半浮雕式猛兽，附在陶板上，做爬伏状，口紧闭，双目外凸，颈部刻出鬣毛。残长31.2、宽21.9、厚3厘米。

（3）套兽　1件，标本ZHZL：8（图三十二、三十一：2），闭口状，双目外突，双耳竖立，颈部阴刻出鬣毛，颈后为套口，长26.6、宽12.3、高13.8厘米，套口外径12、内径8.1厘米。

（4）走兽　1件，标本ZHZL：12（图三十三：5），仅存下半身，空腹，曲肢蹲于瓦上。厚8.1、宽10.2、残高15厘米。

（5）莲花座　2件，标本ZHZL：6（图三十三：1、三十四），中空，分上下两部分组成，上层为三层莲花瓣，花瓣边缘有双线勾勒，下层为圆形座。直径18、残高12厘米。标本ZHZL：7（图三十三：2、三十五），形略同标本ZHZL：6，下部圆形座残，直径19.8、残高11.4厘米。

（6）荷叶座　1件，标本ZHZL：9（图三十三：3），中空，阴线刻画出荷叶纹，直径19.5、残高7.8厘米。

（7）筒瓦　多为采集，出土者多为碎片。瓦表磨光，内饰布纹。分四型：

Ⅰ型　标本采：4（图三十八：1），个体较小，瓦唇较短较厚，通长20、宽12、厚1.6厘米，瓦唇2厘米。

Ⅱ型　标本采：2（图三十八：2），个体较大，瓦唇较Ⅰ型稍长，瓦唇与瓦身结合面稍有弧度。通长36、宽16.8、厚1.6厘米，瓦唇长2.5厘米。

Ⅲ型　标本采：7（图三十八：4），瓦唇较长，瓦身上有插瓦钉的圆眼。通长33.2、宽14.8、厚1.6厘米，瓦唇长3.6厘米，圆眼径1.2厘米。

Ⅳ型　标本采：8（图三十八：3），瓦身后部稍残，形与Ⅲ型相同，不同处在于瓦钉眼为方眼。通长36、宽14.8、厚2.1厘米，方眼径1.6厘米。

（8）板瓦　多为采集，瓦表磨光，内饰布纹。分三型：

Ⅰ型　标本采：10（图三十九：1），宽端瓦口为花口纹。通长30厘米，一端宽16.8、另一端宽19.2厘米，厚1.2厘米。

Ⅱ型　标本采：14（图三十九：2），个体较大，宽端瓦身上饰凸棱。通长34厘米，一端宽22.8、另一端宽19.2厘米，厚1.7厘米。

Ⅲ型　标本采：3（图三十九：3），瓦表素面，内为布纹，通长30厘米，一端宽22.8、另一端宽18.8厘米，厚1.6厘米。

（9）滴水　2件，均为采集，表面磨光，内饰布纹。标本采：12（图三十九：5），如意形头外廓饰两周凸线纹，中部为凸线莲花纹样，枝叶缠绕，生动活泼。通长37.6、宽23.2、厚1.6厘

图二十七　力士（标本ZHZL：1）

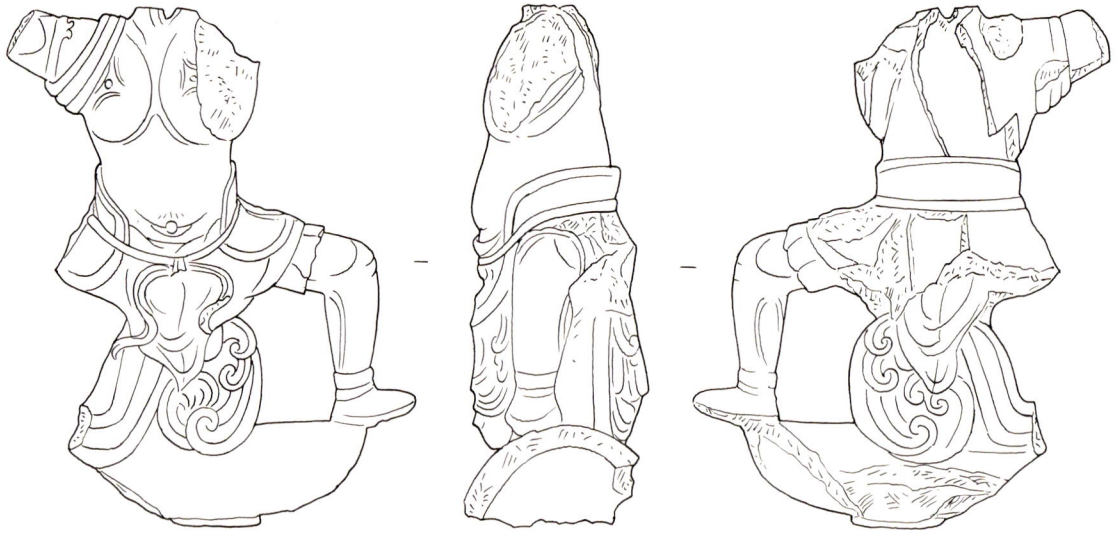

0   9厘米

图二十八　力士（标本 ZHZL∶5）

图二十九　力士（标本 ZHZL∶5）

图三十 贴塑（标本 ZHZL：10）

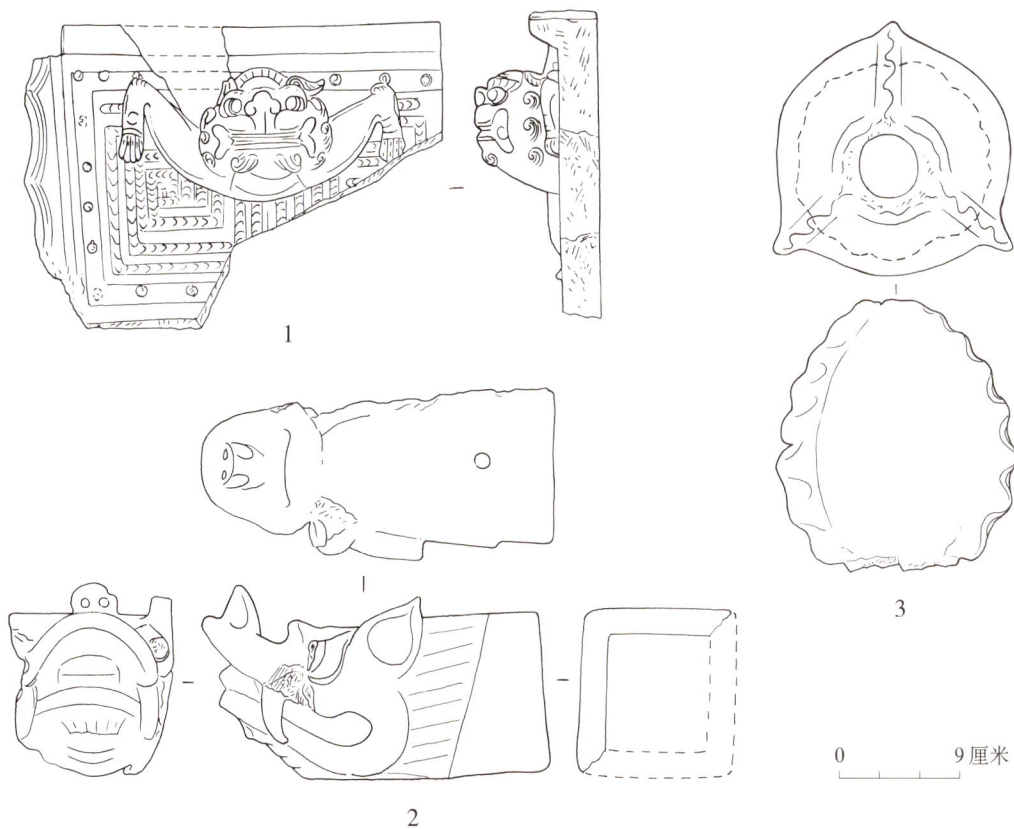

图三十一 陶质构件

1. 贴塑（标本 ZHZL：10） 2. 套兽（标本 ZHZL：8） 3. 三棱体结构（标本 ZHZL：4）

图三十二 套兽（标本 ZHZL：8）

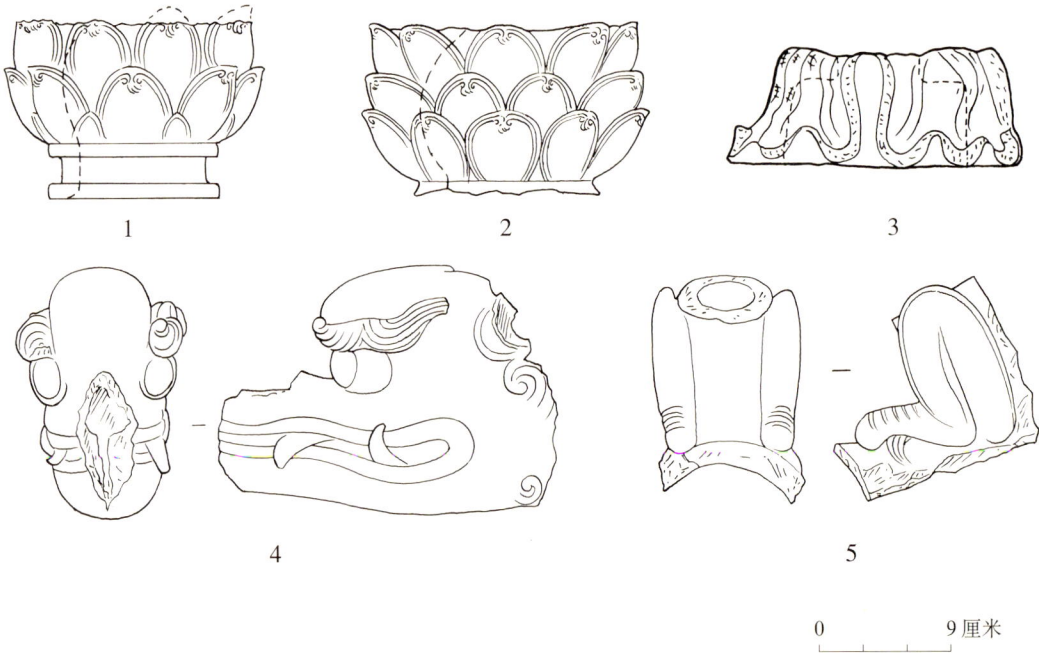

1　　　　　　　　　2　　　　　　　　　3

4　　　　　　　　　　　5

0　　　　　9厘米

图三十三 建筑构件

1.莲花座（标本 ZHZL：6） 2.莲花座（标本 ZHZL：7） 3.荷叶座（标本 ZHZL：9）

4.琉璃构件（标本 ZHZL：11） 5.走兽（标本 ZHZL：12）

图三十四 莲花座（标本 ZHZL：6）

图三十五 莲花座（标本 ZHZL：7）

图三十六 三棱体结构（标本 ZHZL：4）

图三十七 琉璃构件（标本 ZHZL：11）

米。标本采：11（图三十九：4），如意形头外廓饰两周凸线纹，中部为菊花纹样。通长28.8、宽17.6、厚1.2厘米。

（10）条形砖　一般长36、宽16~17、厚5.5~6厘米，均为素面。

（11）三棱体构件　1件，标本 ZHZL：4（图三十一：3、三十六），圆球上面用三道凸棱将球面分成三部分，球腹中空，上部三凸棱交接处有一圆孔，球面磨光，凸棱用手摁成S形。直径17.4厘米，圆孔径4.5厘米。

琉璃构件：

出土物少而破碎，标本 ZHZL：11（图三十三：4、三十七），仅存头部，头为黄褐釉，眉毛及颈毛为绿釉，眼珠饰黑釉，嘴角边缘向外分出三尖。

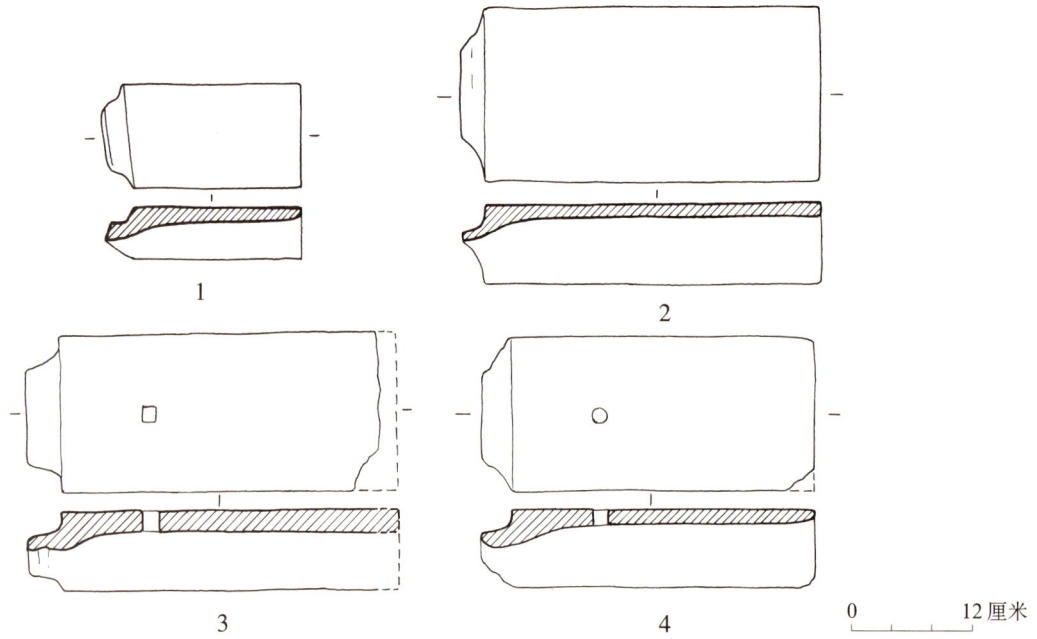

图三十八 筒瓦

1. Ⅰ型（标本采：4） 2. Ⅱ型（标本采：2） 3. Ⅳ型（标本采：8） 4. Ⅲ型（标本采：7）

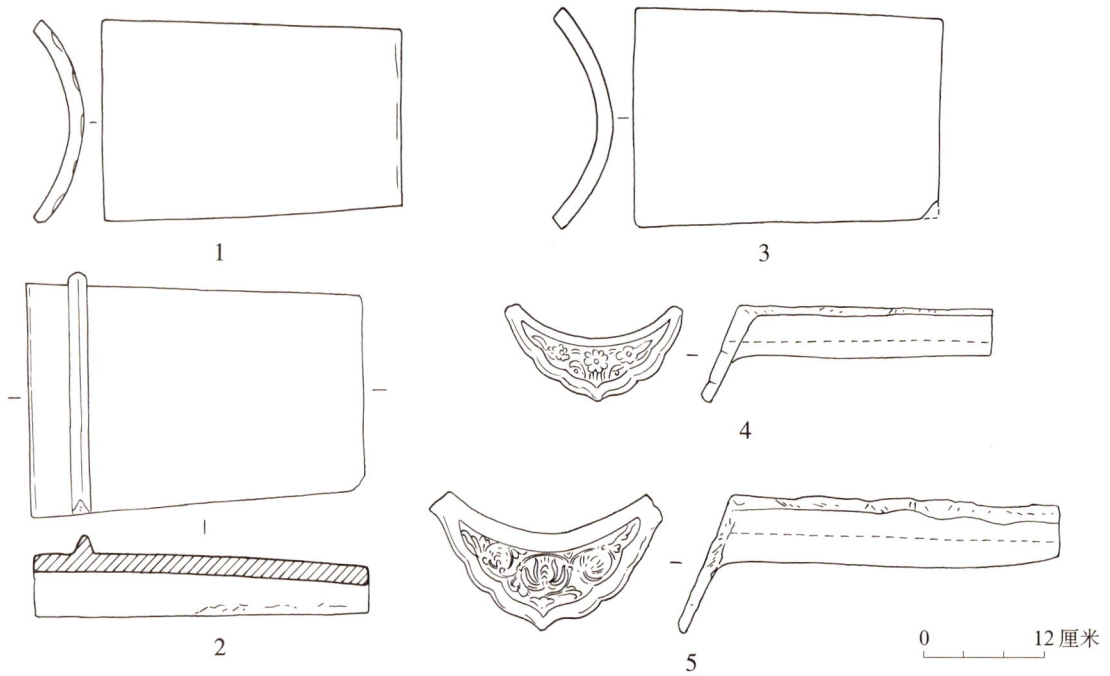

图三十九 板瓦

1. Ⅰ型（标本采：10） 2. Ⅱ型（标本采：14） 3. Ⅲ型（标本采：3） 4. 滴水（标本采：11） 5. 滴水（标本采：12）

石质构件：

（1）赑屃　1件，ZHBT：1（图四十：1），质地为汉白玉，长2.3米、宽0.94米、高1.3米，头颈部前伸，背部呈椭圆形，龟背有六角形龟裂。曲肢爬伏，强劲有力，尾部下垂。背部有一长方形区域，宽15厘米，中间有长方形卯眼，长20、宽15厘米，内有残留的碑榫，和现存于大雄宝殿内的碑刻的碑榫正好吻合。

（2）敕赐昭化寺碑　1方，ZHBT：2（图四十一），汉白玉，长方形，长2.1、宽0.9、厚0.3米，碑文22行，满行58字。由嘉议大夫巡抚大同宣府都察院右副都御史五羊罗亨信撰，嘉议大夫总督宣府等处边储户部右侍郎东吴刘琏书并篆，大明正统十年岁次乙丑九月九日立石，瑞阳李铭镌，碑文见前。

（3）础石　7件，分三型：

Ⅰ型　标本ZHCH：1，上圆下方，圆形直径为26厘米，方形边长为42厘米。

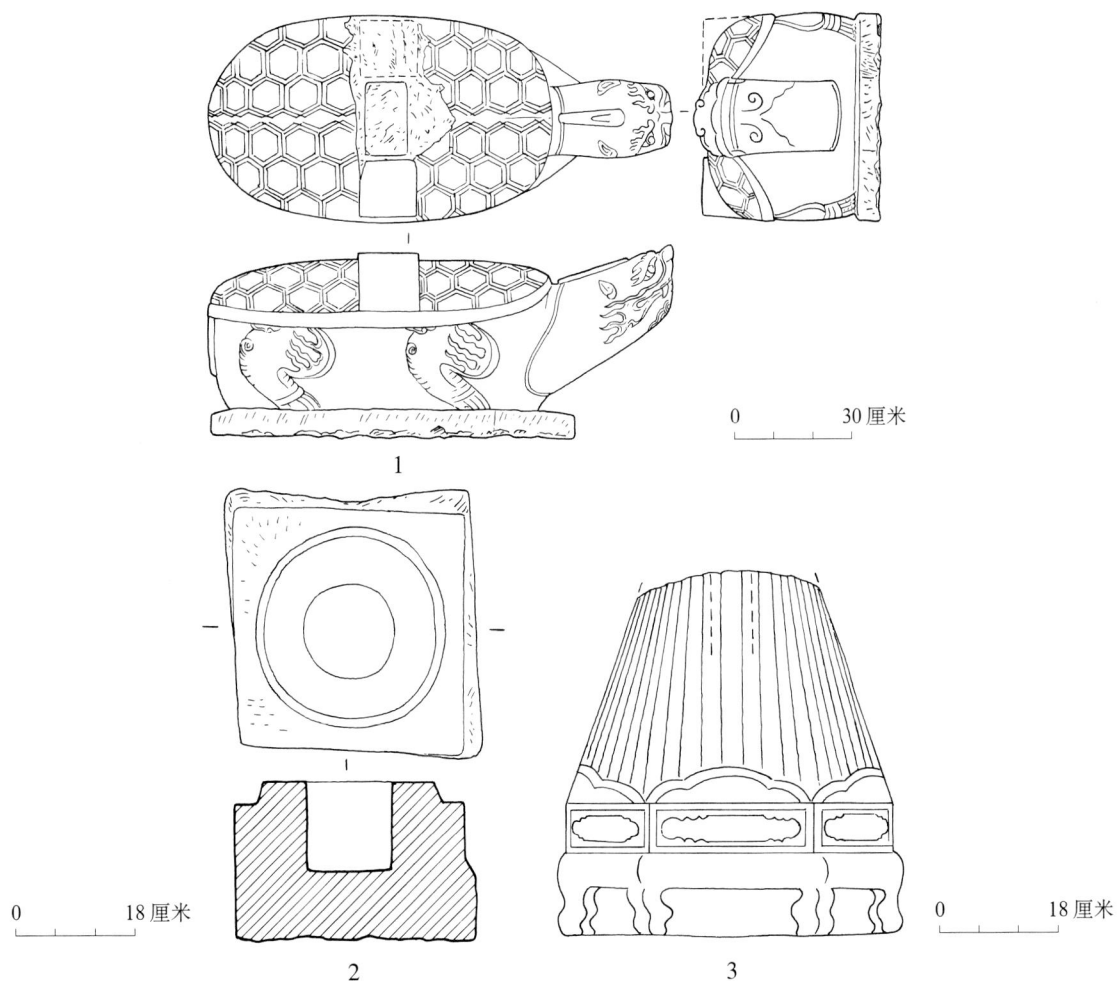

图四十　石质构件

1.赑屃（标本ZHBT：1）　2.Ⅲ型柱础（标本ZHCH：7）　3.圆锥形构件（标本采：16）

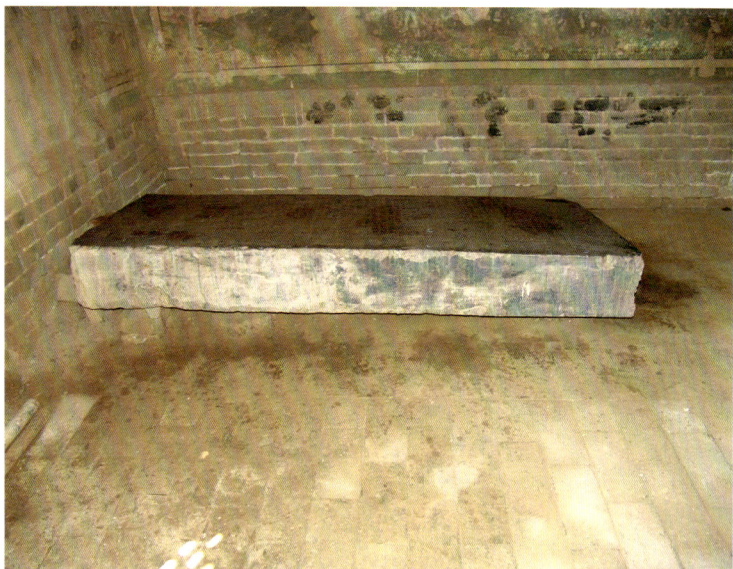

图四十一　敕赐昭化寺碑（标本 ZHBT：2）

图四十二　柱础（标本 ZHCH：7）

Ⅱ型　标本 ZHCH：2，方形，边长 60 厘米。

Ⅲ型　标本 ZHCH：7（图四十：2、四十二），上圆下方，中部有一圆形卯眼，卯眼直径 6.4 厘米。础石圆形部分直径 12.9 厘米，方形边长 18 厘米。

（4）圆锥形构件　4件，均为采集，标本采：16（图四十：3），上部稍残，分三部分组成，下层为六棱体，上面纹样磨灭不清；中层为圆锥体，饰一周竖条凸棱纹；上层为圆形，中部有圆形卯眼。上端径 18.8、下端径 35.2、残高 35.3 厘米。

4、讨论

通过这次考古勘察，对昭化寺的总体建筑布局有了新的发现和认识，为今后昭化寺的保护和研究工作提供了大量的科学依据和实物资料。

通过勘探，基本上弄清了昭化寺的整体布局，主体建筑依中轴线自南而北依次为：山门、天王殿、大雄宝殿和三大士殿。附属建筑自南而北有碑楼、源殿、宁殿、钟楼、鼓楼、观音宝殿、地藏宝殿、东配殿和西配殿。寺院之后有砖塔一座。除源殿之外，附属建筑都不复存在。

通过对碑楼、钟楼基址的发掘，初步弄清了碑楼和钟楼的位置、形状、大小。碑楼台基平面为八角形，台基外侧包砖，四面有甬路与各殿相通，台基上建亭，亭中置碑，虽碑楼顶部结构无法详考，但从发掘的四个柱础痕迹推测，碑楼顶部式样为四角攒尖顶。钟楼台基平面近正方形，台基外侧包砖。钟楼墙基为正方形，墙体内四角设角柱，墙外四周为檐廊，每边檐廊各置四个廊柱。台基西边设门与院内道路相连。由于碑楼、钟楼地上建筑已被破坏，所以两者的建筑结构、风格无从考证。

本次考古勘探和发掘范围仅限于现昭化寺院内，寺院外紧邻民宅和现代建筑物，主要进行调查走访工作，虽然取得了一定的考古收获，但目前尚存诸多问题亟待解决，如寺院的原来范围有多大，寺院是否有旁院，碑文所载藏经殿、僧房、厨房等建筑的确切位置，这些是今后工作所重点考虑的。

（五）建筑特征

昭化寺坐北朝南,院落长方形,南北长(从山门台基前沿至三大士殿台基后沿)105米,东西宽40米。昭化寺的主要建筑分布在南北轴线上,从南至北依次是:山门、天王殿、大雄宝殿、三大士殿。山门与天王殿间东侧存源殿一座,三间。其他建筑如山门与天王殿之间中轴线上的碑楼、山门与天王殿之间西侧的宁殿、天王殿两侧的钟楼和鼓楼、天王殿与大雄宝殿之间两侧的观音宝殿和地藏宝殿、大雄宝殿与三大士殿之间两侧的东配殿和西配殿、三大士殿两侧的东耳房和西耳房,都已损毁。这些配殿里大都有泥塑佛像。

总体看来,昭化寺的建筑布局规整、疏郎,按照标准的汉式"迦蓝七堂式"排列,轴线上建筑体量逐步加大,斗拱彩绘等装饰逐趋繁缛(图四十三)。

1. 山门

单檐庑殿布瓦顶,通高5.7米,面阔三间10.37米,进深二间6.64米。共用柱12根。台基高66厘米,台帮用36×18×6.2厘米青砖包砌,上部周圈皆用条石铺设,四角设角柱石。南侧台阶已不显,北侧明间设踏步三级,但条石已非原物,现用青石供桌底座凑合。两山墙通至阑额底皮,下碱青砖包砌,厚74厘米,上部土坯砌筑,外抹草泥白灰,外饰红,内白灰本色。因檐部漏雨,外墙被冲刷。因做教室改为新式门窗或墙体,根据梁架及用柱情况及次间中柱外发现有土坯墙痕迹,知大门原设于明间中柱间,为两扇木板门,两次间为实墙体,室内地面早年已被改为水泥地面(图四十四～四十九)。

梁架结构为五架梁,五檩用三柱。明间两缝梁架用五架梁,中柱支撑于五架梁之下,柱头施座斗、雀替,两座斗间用枋连通。五架梁为两根圆材前后相接而成,中部联结处下置雀替,中柱上坐斗承托上部荷载,中柱高2.63米,上为一大斗,斗上宽40厘米,下宽30厘米,耳高10厘

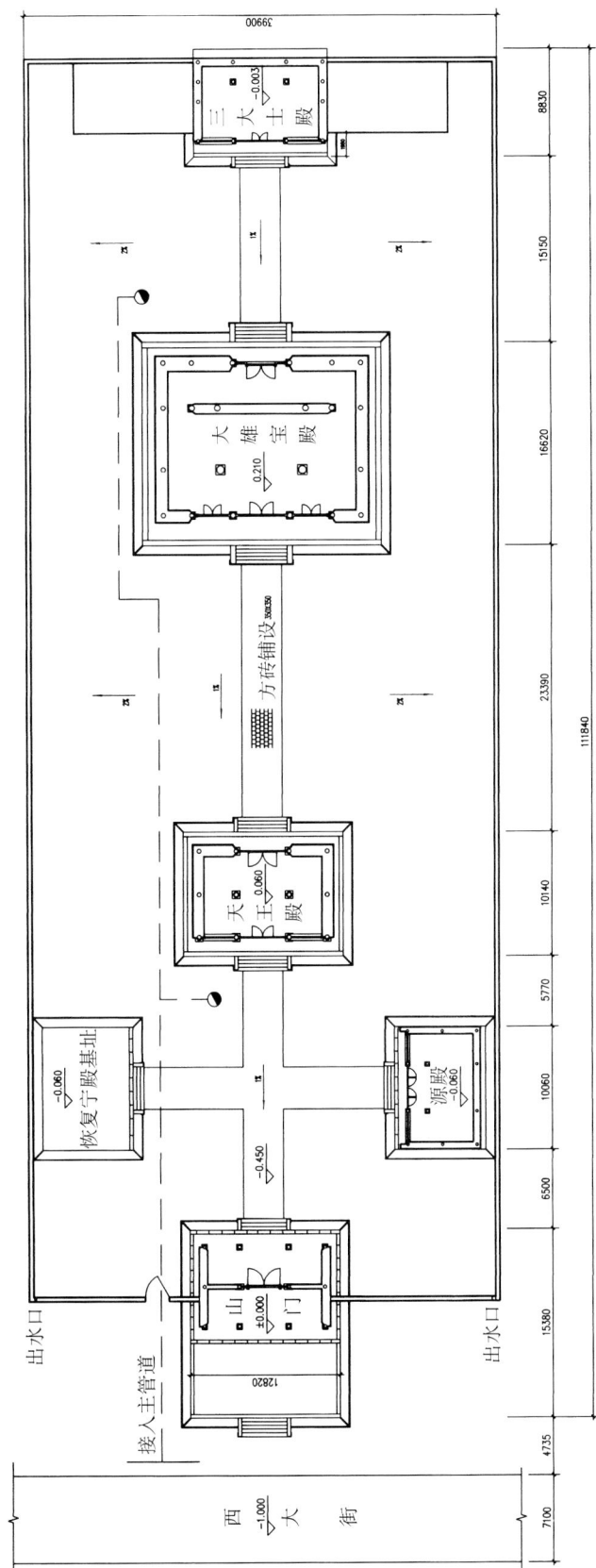

图四十三 昭化寺总平面图

米，歆高8厘米。三架梁与五架梁之间置方形柁墩。脊瓜柱两侧置人字叉手，柱顶端为座斗、丁华抹颏拱及随檩枋，座斗耳8厘米，平4厘米，歆8.5厘米，斗口宽12厘米。脊瓜柱原有一道顺脊串，用于增加横向联系，后被锯掉。脊瓜柱两侧、三架梁上为方形角背。两次间通过斜趴梁、抹角梁承托庑殿顶收山部分梁架。五架梁上中部各置一根斜趴梁，斜趴梁另一端置于东西中柱头上，斜梁当中置方形陀墩，墩上立柱承托太平梁，斜梁的上部设土坯墙直通屋面。四角置45度抹角梁搭于平板枋上，抹角梁上置柁墩承托老角梁后尾，老角梁后尾置大斗，承托上金檩和太平梁。外檐四周施椽飞，飞椽早年被锯掉。殿内外大木原有装饰不详。周围檐柱有侧脚，但无升起，角柱沿进深、面阔方向各侧7厘米，明间柱只沿进深方向有侧脚。平板枋和额枋呈T形，平板枋出头做出海棠线。

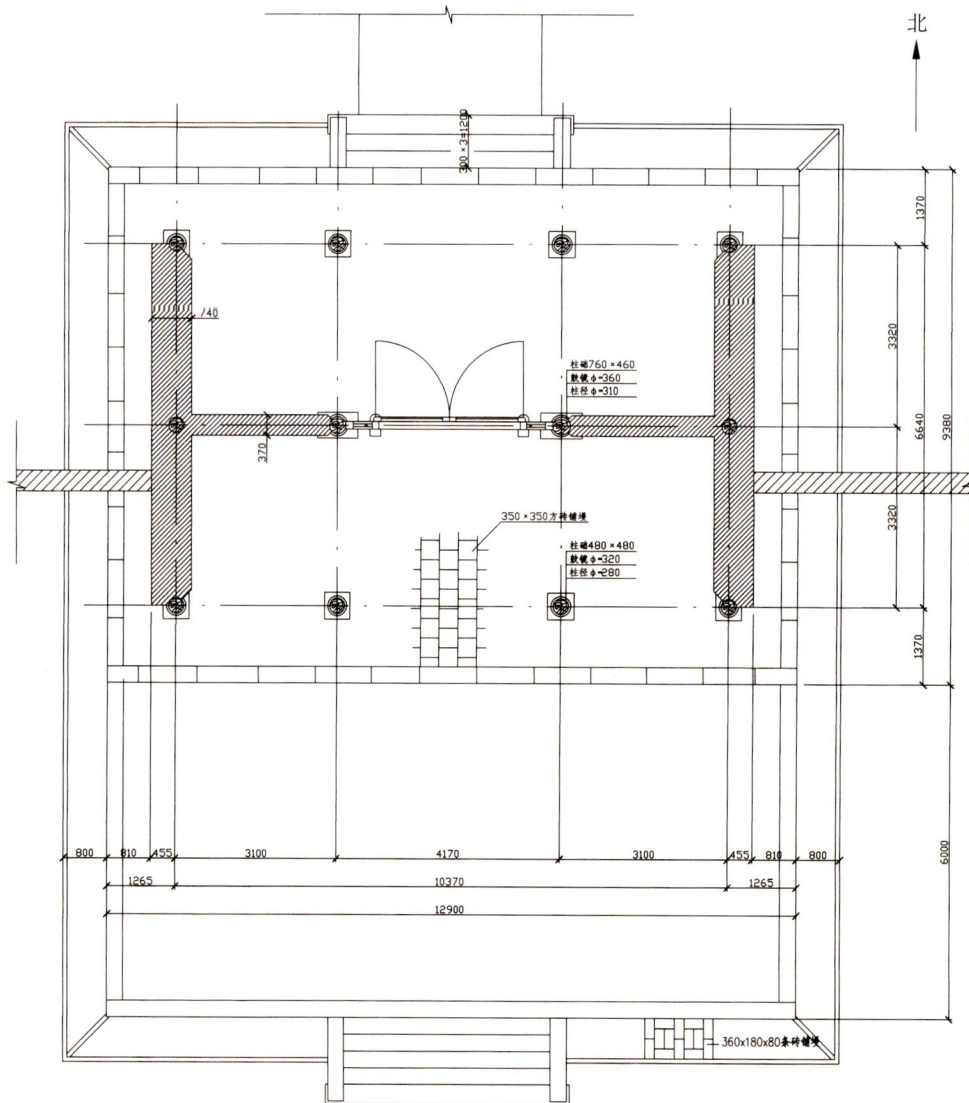

图四十四 山门平面图

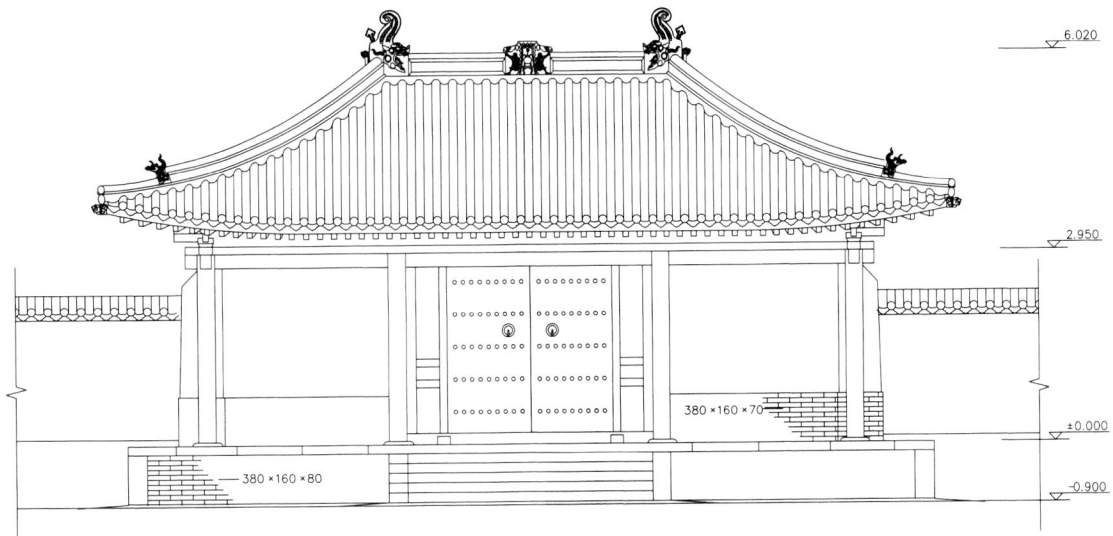

图四十五 山门正立面图

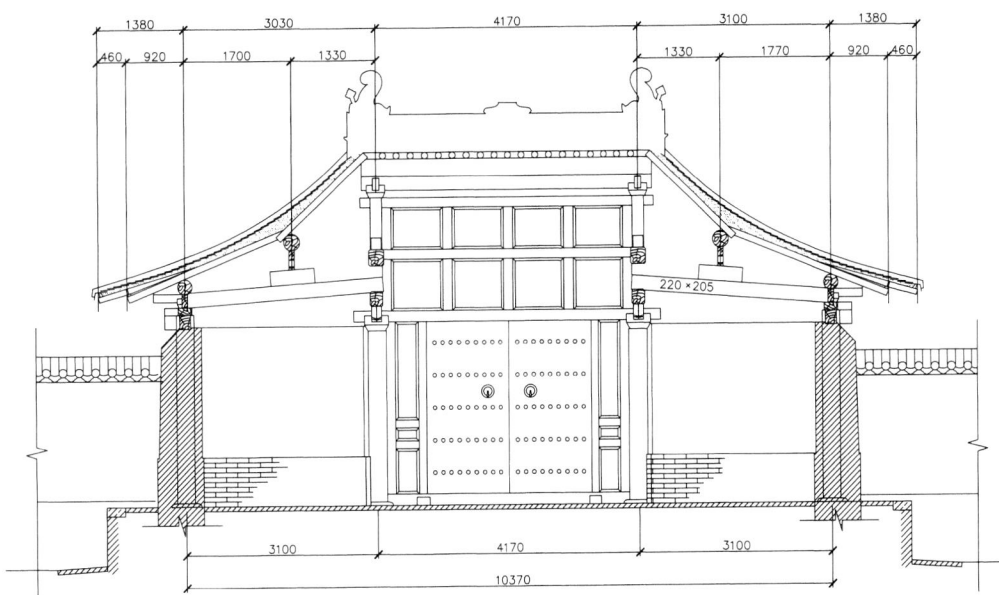

图四十六 山门纵剖面图

1

2

3

4

5

6

7

8

9

10

图四十七 山门及其梁架结构

1. 山门背立面（维修前）

2. 山门背立面（维修后）

3. 山门角部

4. 山门角部梁架

5. 山门角部梁架

6. 山门明间梁架

7. 山门山面梁架

8. 山门西侧立面（维修前）

9. 山门正立面（维修前）

10. 山面正脊脊饰

11. 山门正立面（维修中）

11

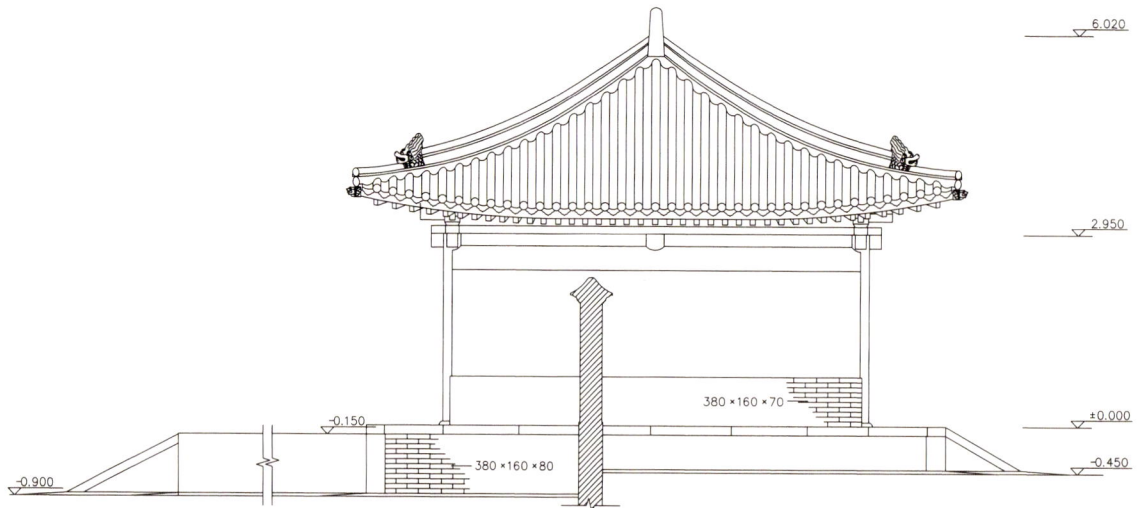

图四十八　山门侧立面图

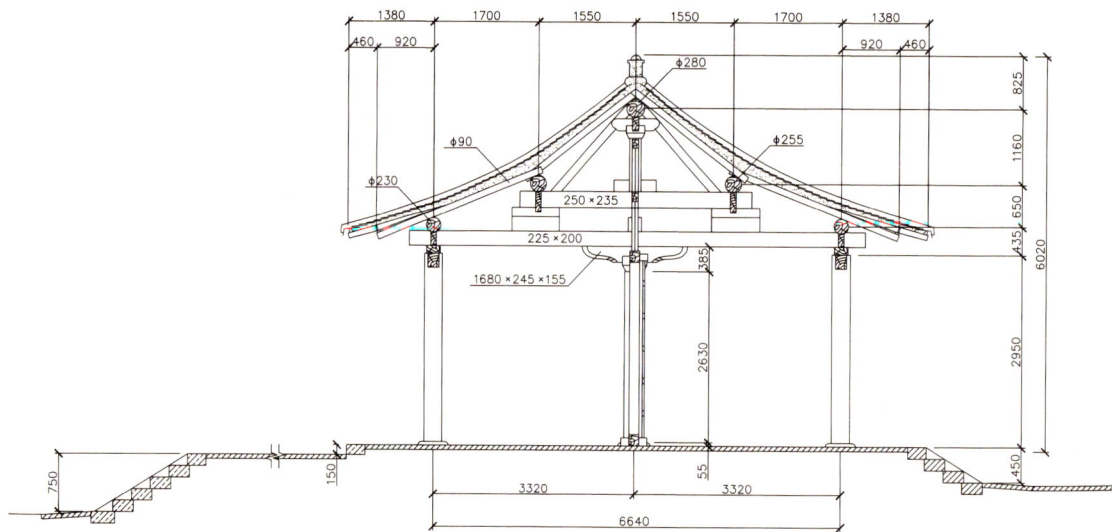

图四十九　山门横剖面图

　　脊步七五举，檐步四举，覆盆高5厘米，檐柱高290厘米，中柱高263厘米，檐柱径30厘米，中柱径34厘米。建筑通高6.76米。五架梁用两根直径25厘米的圆材在中柱处相接而成。建筑面积122平方米。

　　屋顶所覆布瓦，前后各50垄，东西两檐32垄，四周皆板瓦滴水坐中。垂脊高32厘米，厚18厘米，脊通上雕有花饰，戗兽小跑不存；正脊高50厘米，厚20厘米，脊上雕有花饰，两端施正吻，正脊中央宝顶南侧浮雕一佛趺足立于莲花上，北侧为案上置香炉，宝顶两端施吞脊兽。

2．天王殿

距山门22.4米。单檐歇山布瓦顶，面阔三间10.9米，进深两间7.2米。五檩四椽，用三柱。柱有侧脚无升起，角柱沿进深、面阔两个方向侧脚，各8厘米，明间柱沿进深方向侧脚。平板枋与额枋呈"T"字型，平板枋出头做出海棠线。外墙收分较大，为13厘米，下碱用36×18×6厘米条砖包砌。建筑坐落于长13.6米，宽10.14米，高0.7米的台明上。台明台帮用36×18×6厘米青砖包砌，上部四周条石压面，皆白砂岩条石，台明四角设角柱石。两山、后檐、两次间用墙体围护，通阑额下皮，下碱为青砖十字错缝平砌。后檐明间现用墙封堵，原应设板门装修；前檐从现存痕迹看，明间应为四扇隔扇门，次间设槛墙和四扇隔扇窗。殿内地面已改为水泥地面，外露的柱顶石为小覆盆式（图五十～五十五）。

檐柱柱径35厘米，覆盆高4厘米，柱高315厘米，建筑通高7.77米。五架梁直径40厘米。脊步举折七七举，檐步四五举。建筑面积140平方米。

明间两缝梁架用五架梁，下施中柱，五架梁上立驼峰、大斗承托三架梁。三架梁上置脊瓜柱，两侧为方形角背。瓜柱上置坐斗和丁华抹颏拱，座斗上宽30厘米，下宽22.5厘米，耳高11厘米，平4厘米，欹8厘米。散斗上宽15.5厘米，下宽12.5厘米，耳4厘米，平2厘米，欹4厘米。脊檩两侧施人字叉手，

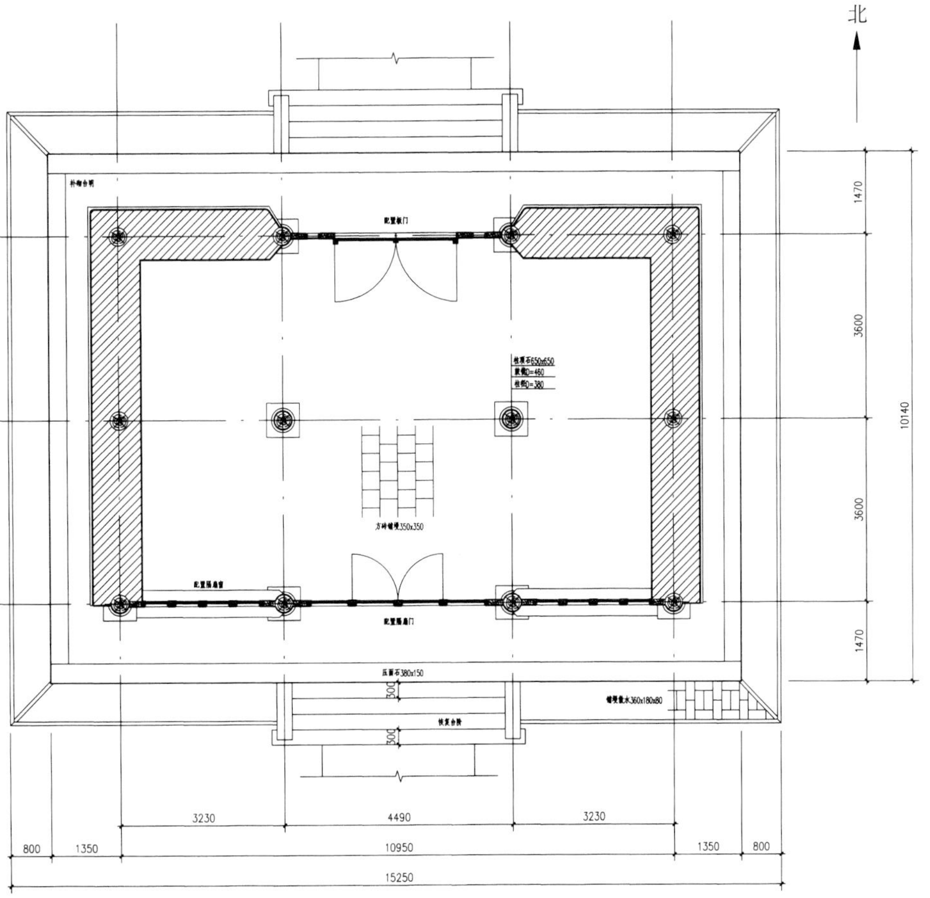

图五十　天王殿平面图

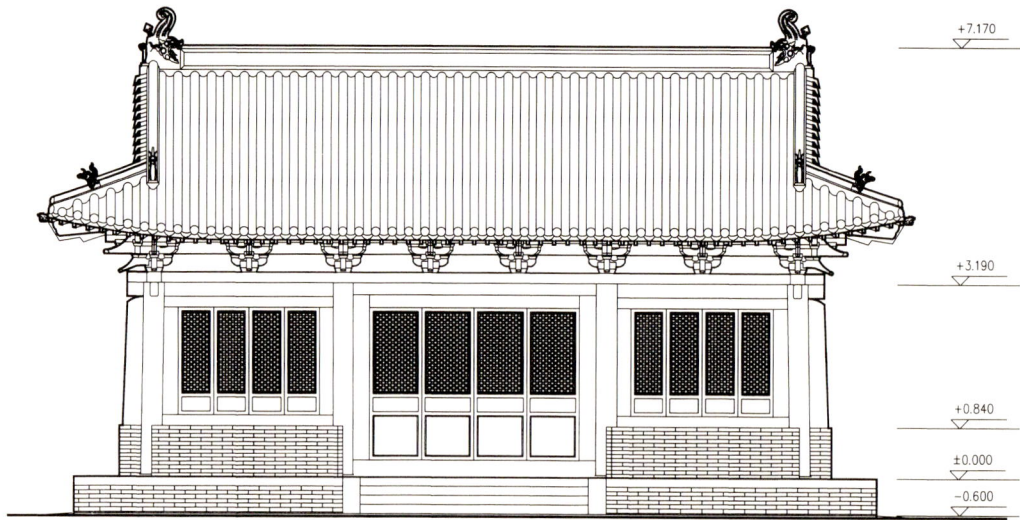

图五十一　天王殿正立面图

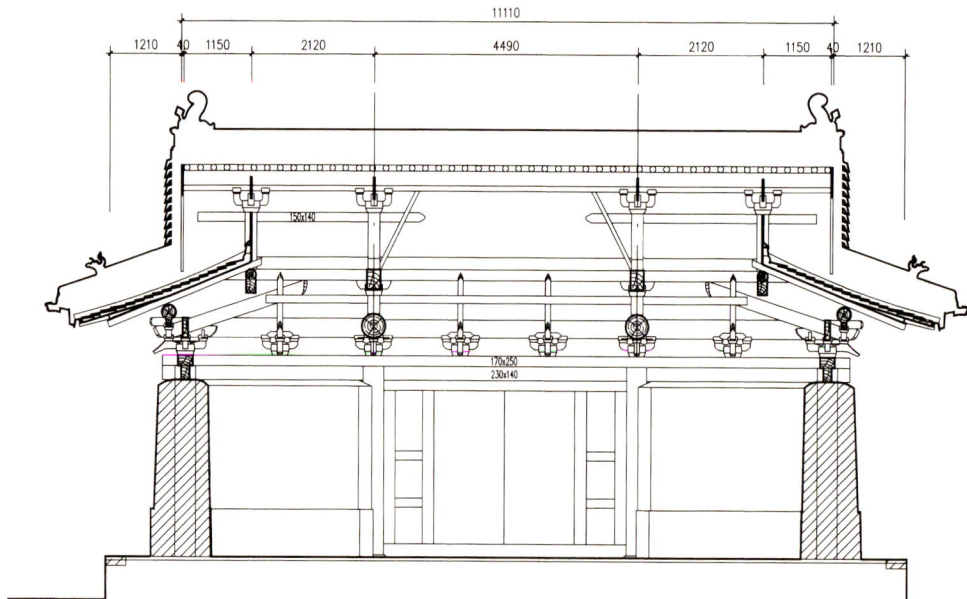

图五十二　天王殿纵剖面图

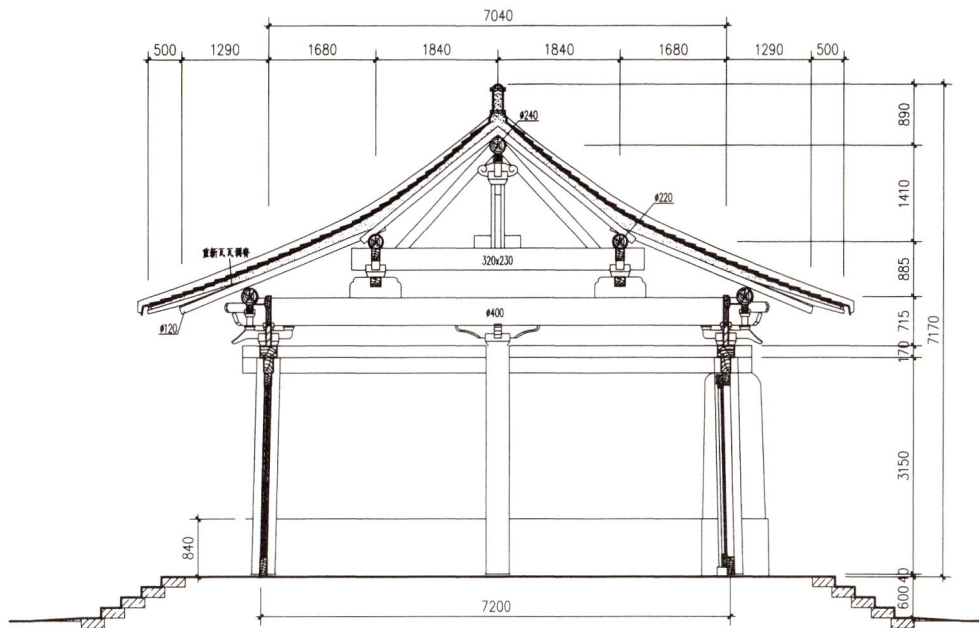

图五十三 天王殿横剖面图

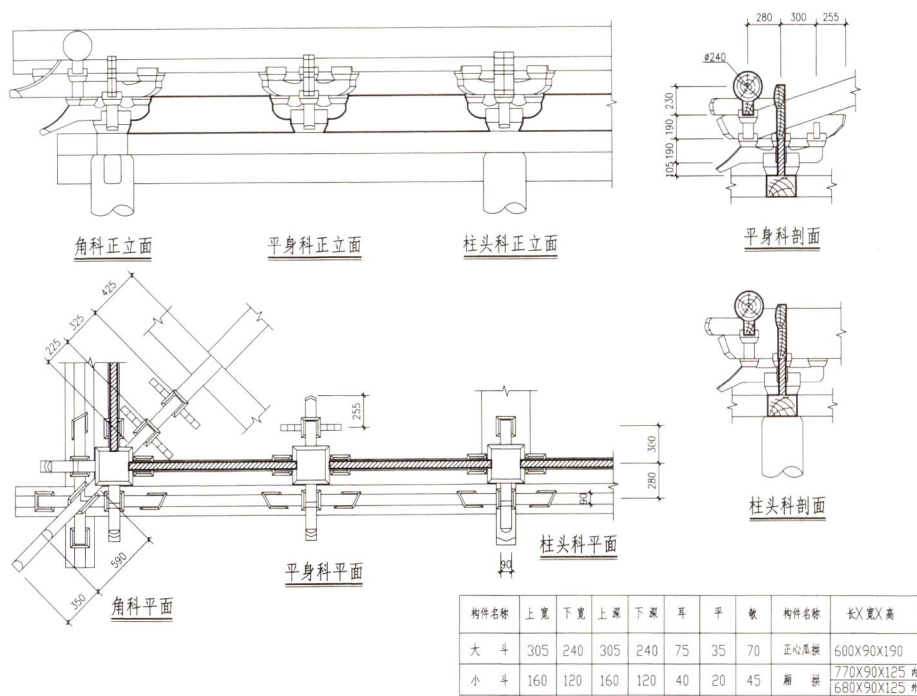

构件名称	上宽	下宽	上深	下深	耳	平	欹	构件名称	长×宽×高
大 斗	305	240	305	240	75	35	70	正心瓜拱	600×90×190
小 斗	160	120	160	120	40	20	45	厢 拱	770×90×125 内 680×90×125 外

图五十四 天王殿斗拱大样图

1

2

3

4

5

6

7

8

9

10

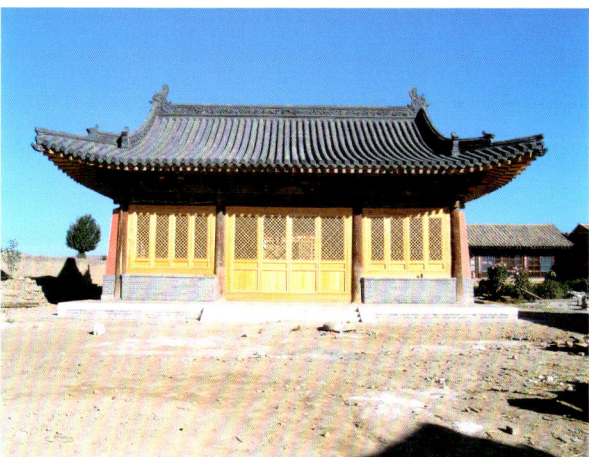

11

图五十五 天王殿及其梁架结构

1. 天王殿背立面（维修前）

2. 天王殿东侧立面（维修前）

3. 天王殿角部梁架

4. 天王殿脊枋下题记

5. 天王殿拱眼壁彩绘

6. 天王殿角科斗拱

7. 天王殿梁架

8. 天王殿柱头科斗拱

9. 天王殿柱头科斗拱

10. 天王殿正立面（维修前）

11. 天王殿正立面（维修后）

宽16厘米，厚6厘米。三架梁和五架梁之间置驼墩和坐斗，斗上宽30厘米，下宽25厘米，耳6.5厘米，平4厘米，敧6厘米。歇山踩步金梁架结构：抹角梁扣搭在正心檩上，抹角梁承托角梁后尾，角梁后尾承托山面斗拱挑杆，挑杆直接承托山面踩步金。纵向构件，脊檩枋下设攀间枋、一斗三升斗拱；各缝梁架驼峰间设枋相连，该枋并延伸至次间角梁后尾。屋面为圆椽、望板，外檐四周椽飞，现飞椽被锯掉。明间纵向三架梁与脊檩间用斜向叉手。

檐下四周施三踩单昂斗拱，柱头承梁架，平身科斗拱后尾出一溜金挑杆，前后檐斗拱挑杆后尾交于金檩枋下，东西两山斗拱挑杆挑于踩步金下，内曳瓜拱呈三幅云状。外曳瓜拱均为明代早期盛行的斜面抹拱，对应散斗亦为斜斗。斗拱布置：转角科四攒，柱头科四攒，平身科前后檐明间各两攒，次间一攒，东西山面不施柱头科斗拱，均施平身科四攒。拱眼壁绘水墨"梅兰竹菊"四君子及"暗八仙"等。

正脊无存，垂脊浮雕卷草等，与正吻交接处置吞脊兽。铃铛排山，木质博缝，正吻下设简化了的悬鱼博脊，紧靠踩步金梁架设置隔板，是明早期的山面处理方式。

外檐仅斗拱、正心枋处外显彩绘。内檐大木、斗拱彩绘保存完整，为明式旋子彩绘，色彩以青绿为主，偏冷色调。大木构件上仅施有很薄的油灰地仗层。脊枋下皮有"大明正统肆年……重修"墨书一行。

3．大雄宝殿

在天王殿后23.4米处，单檐歇山绿琉璃瓦顶，面阔五间16.8米，进深三间12.44米。由于殿内使用

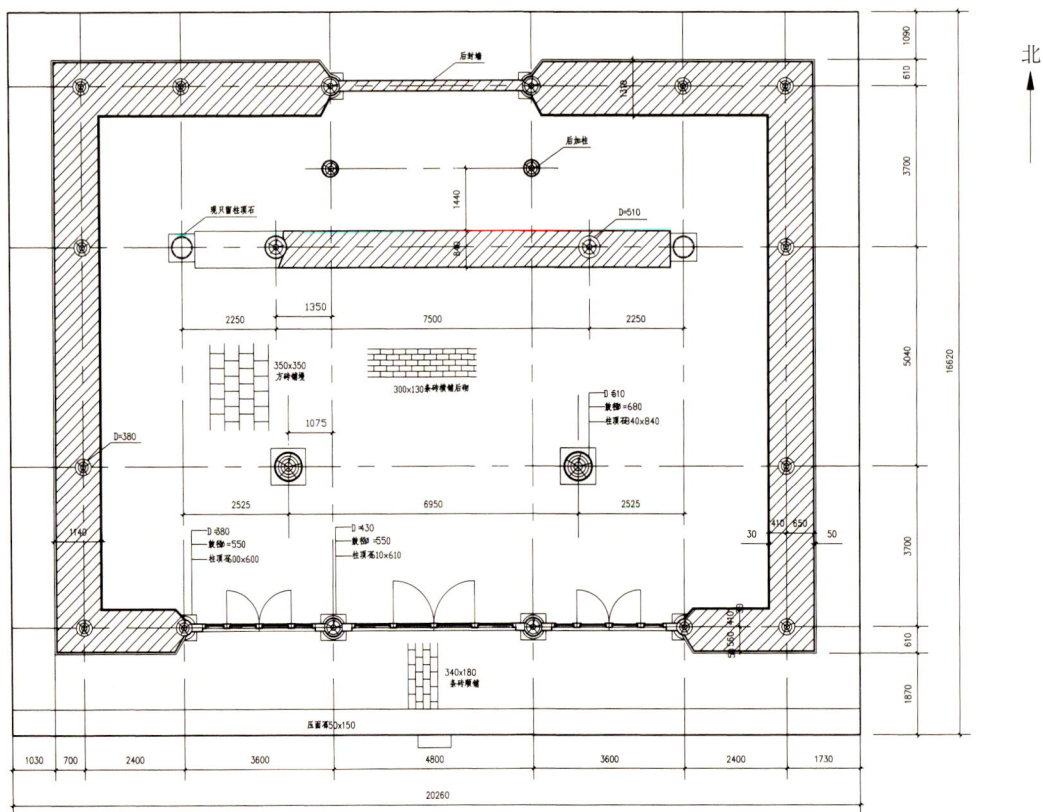

图五十六　大雄宝殿平面图

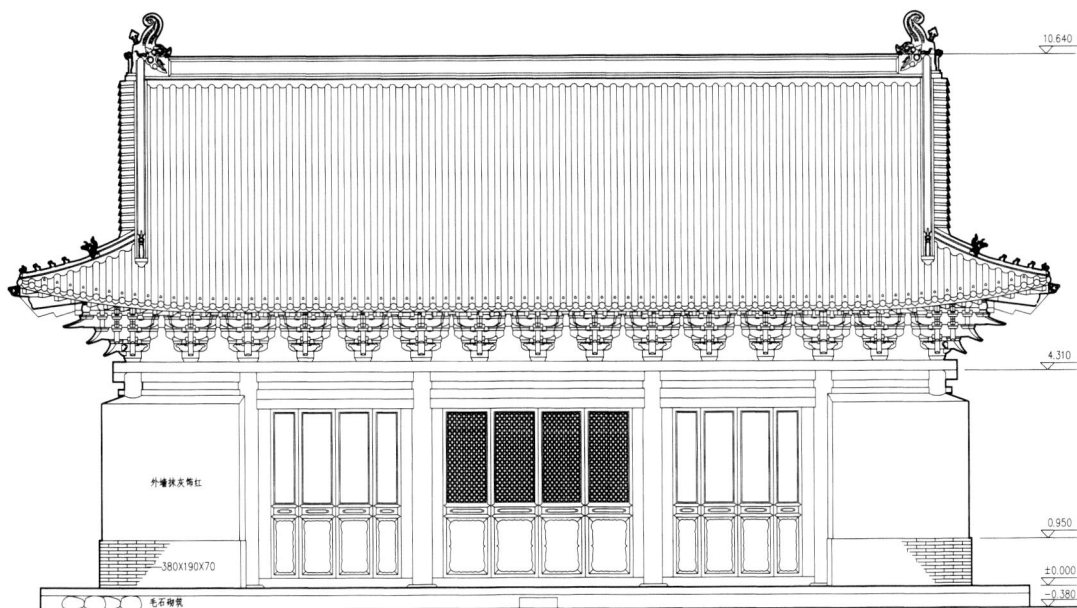

图五十七　大雄宝殿正立面图

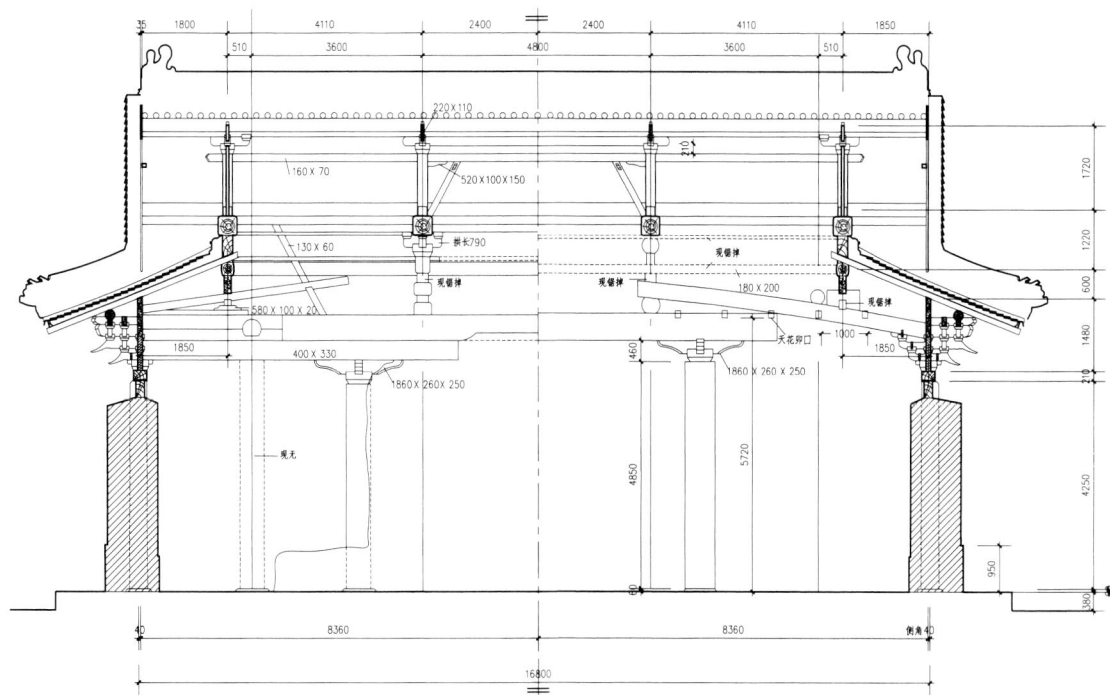

图五十八　大雄宝殿纵剖面后（前）视图

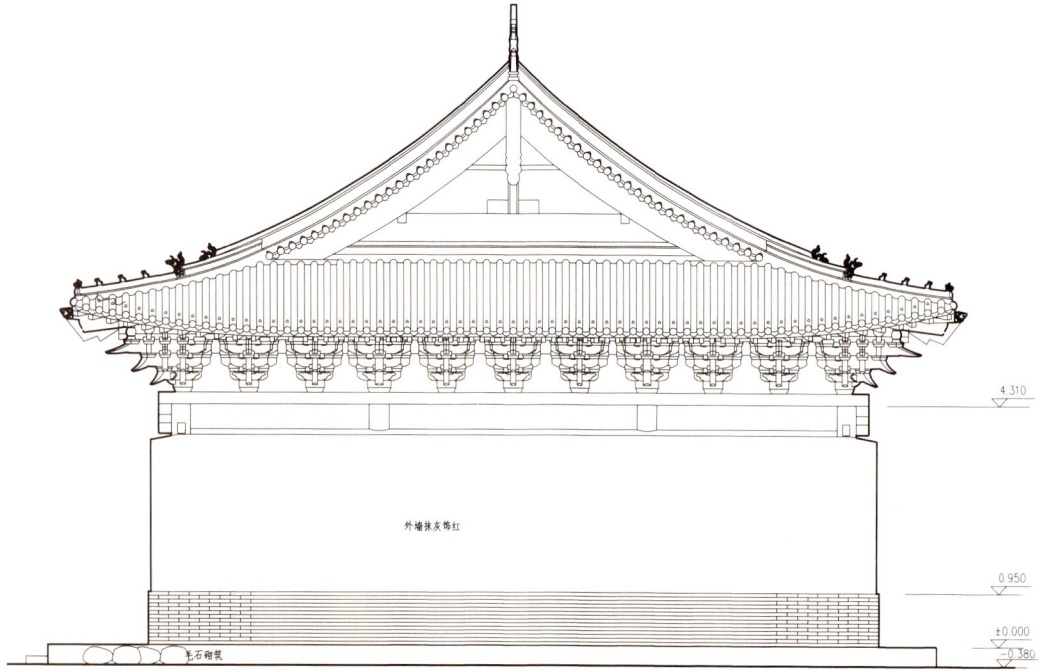

图五十九 大雄宝殿侧立面图

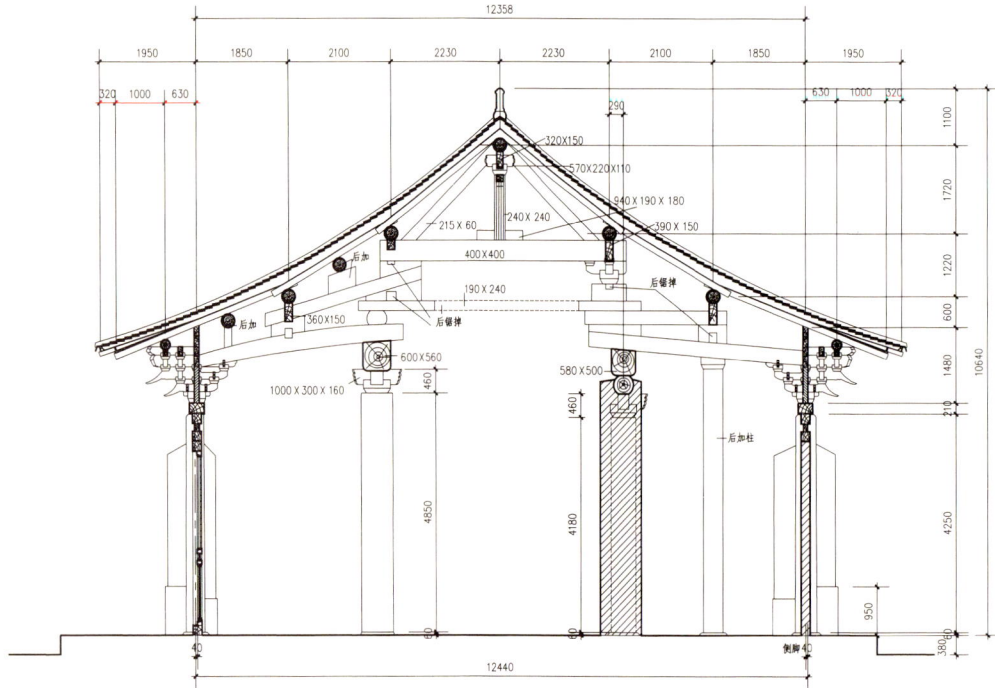

图六十 大雄宝殿横剖面图

减柱和移柱造，该殿共用柱二十二根。柱子有至少四种规格，檐部柱径一般为38厘米，明间四根檐柱直径43厘米；前金柱径64厘米，后金柱径51厘米，用柱尺度与柱所承受的重量是一致的。除四周檐柱互相对应外，金柱仅在东西向对应，南北向相互错开。前檐明间、次间均各设四扇落地四抹隔扇，中间二扇均能开启，两侧为固定扇。明间四扇与次间中部两扇心屉均为斜方格。次间两侧扇心屉为一正二斜三交六角棱花。后檐明间应为木板门装修，现装修构件缺失，用土坯墙封堵。东西两山、前檐稍间、后檐次间、稍间用墙体围护，下碱用条砖包砌，上身略见收分，下碱高95厘米，两山墙厚114厘米，后檐墙厚131厘米。地面为方砖十字铺缝顺铺，砖35厘米见方。后金柱位置从东次间到西次间设有扇面墙，厚84厘米，高至后金柱位置大额枋下皮。扇面墙前佛台无存。柱下用青石方柱础，略作覆盆式，盆高6厘米。毛石包砌台基高42厘米，台明四周皆为白砂岩条石。前后檐台阶石缺失（图五十六～六十三）。

大殿梁架颇具特点。特点之一是大内额的使用。上部梁架的间数少于柱子分隔的间数，且上金檩和金柱不在一条直线上，相差29厘米，故三架梁上荷载不直接落在金柱上，而是通过柁墩和垫木传递到前后两金柱上的大内额上。横向四缝梁架均不直接落于前后金柱上，明间两缝梁架对应前后檐柱位置、置于前后两排金柱上的纵向大内额上。山面踩步金梁架于前后金柱处的顺趴梁上，前半部梁架荷载通过顺趴梁传递到大内额上，后半部梁架荷载通过顺趴梁直接传递到后金柱上。明间两缝梁架为七檩，用三

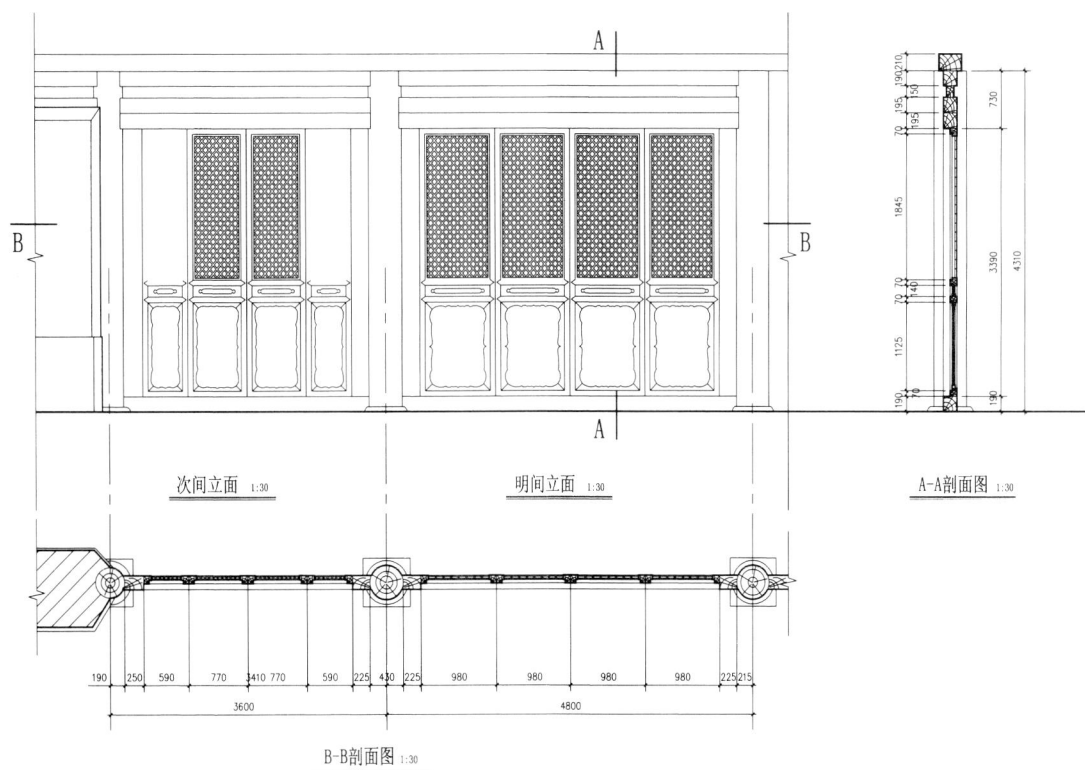

图六十一 大雄宝殿装饰大样图

柱头科平面　　平身科平面　　角科平面

柱头科立面　　平身科立面

平身科平面

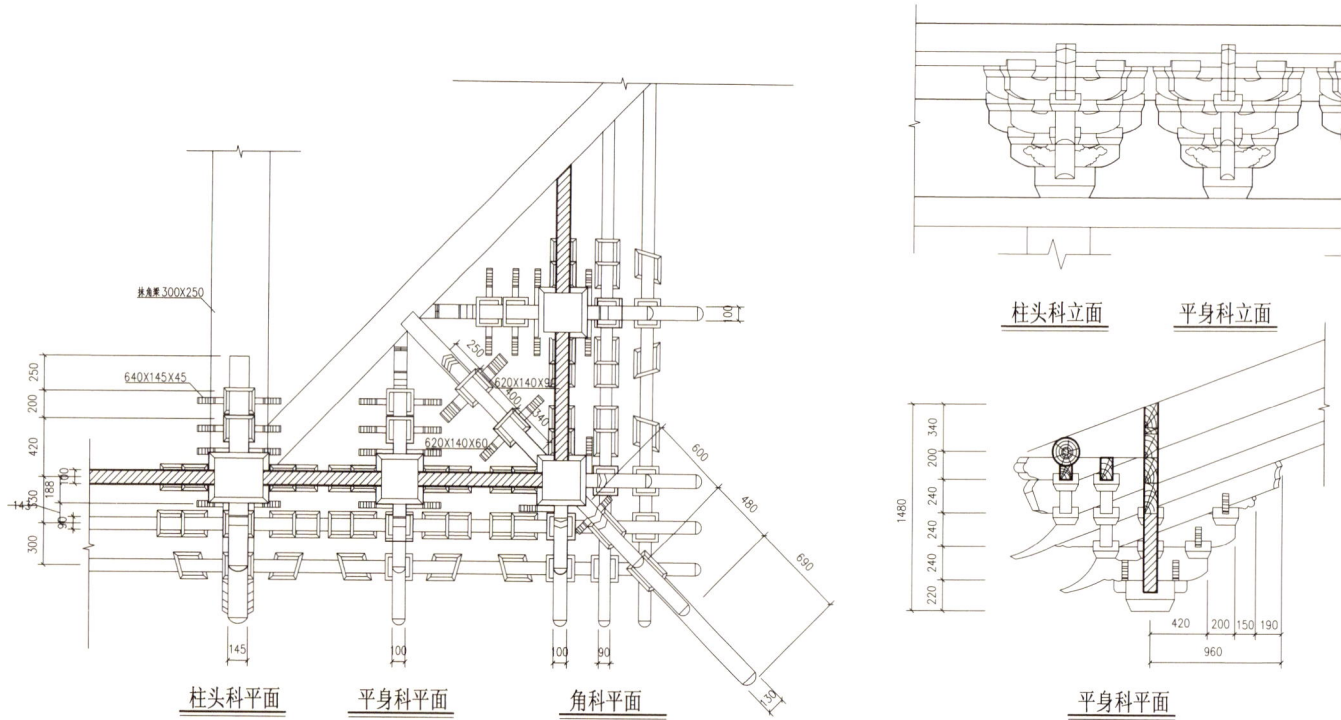

架梁对前后双步梁，双步梁内高外低，系由外檐斗拱耍头后尾延伸而来，双步梁后尾架于大内额上，前后双步梁上部做法并不一致：后半部双步梁上垫柁墩，柁墩上平，承单步梁，单步梁后尾直接托与三架梁平行的跨空枋，跨空枋为方形驼墩，端部承大斗，斗上出十字交叉的足材拱，拱端共用三个小斗，三架梁下南北向拱，南侧用小斗，北侧不用小斗，拱直接托于三架梁下；前半部双步梁上仍设前低后高的单步梁，双步梁后尾上依次为顺趴梁后尾、跨空枋、垫木、单步梁后尾、楔形垫木等构件，在三架梁前端罗置在一起，三架梁前端下不用斗拱。三架梁上置脊瓜柱，用方形角背，瓜柱上置座斗和丁华抹颏拱，檩两侧用叉手。踩步金梁架三架梁以上与明间一致，三架梁下用罗置的枋木分别承于前部斜顺梁和后部顺梁、斜单步梁上。

　　次间梁架仅前后双步梁搭于前后顺趴梁上，省去三架梁。双步梁做法同明间梁架。

　　纵向梁架及构件：前金柱间连以大内额，柱头施大斗，托十字交叉雀替，大内额为圆形，构件略加砍凿，两端伸出金柱近2米。大内额上设斜顺梁，斜顺梁前端落在山面柱头斗拱上，后端压于明间前檐

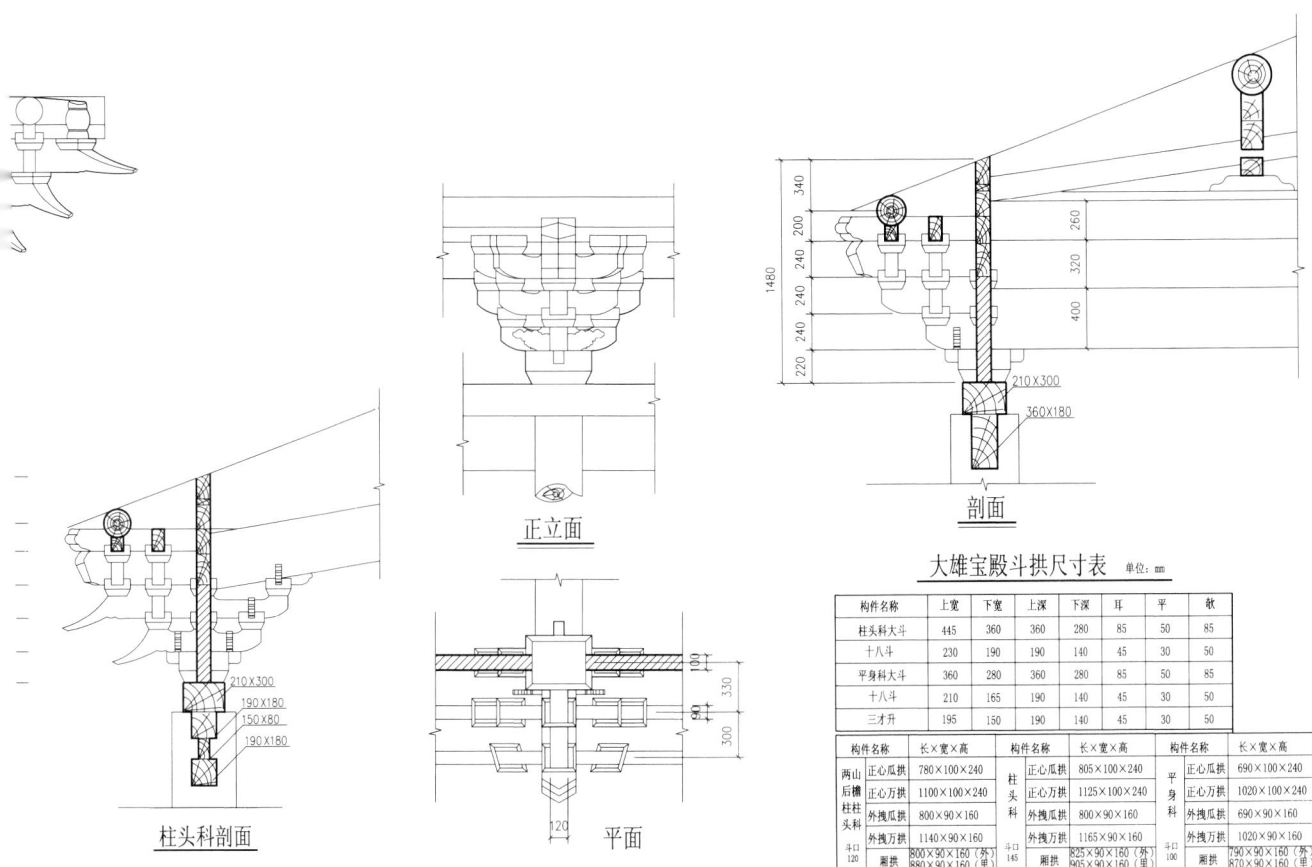

正立面

剖面

柱头科剖面

平面

大雄宝殿斗拱尺寸表 单位：mm

构件名称	上宽	下宽	上深	下深	耳	平	欹
柱头科大斗	445	360	360	280	85	50	85
十八斗	230	190	190	140	45	30	50
平身科大斗	360	280	360	280	45	50	85
十八斗	210	165	190	140	45	30	50
三才升	195	150	190	140	45	30	50

	构件名称	长×宽×高	构件名称	长×宽×高	构件名称	长×宽×高
两山后檐柱头科 斗口120	正心瓜拱	780×100×240	正心瓜拱	805×100×240	正心瓜拱	690×100×240
	正心万拱	1100×100×240	正心万拱	1125×100×240	正心万拱	1020×100×240
	外拽瓜拱	800×90×160	外拽瓜拱	800×90×160	外拽瓜拱	690×90×160
	外拽万拱	1140×90×160	外拽万拱	1165×90×160	外拽万拱	1020×90×160
	厢拱	800×90×160(外) 880×90×160(里)	厢拱	825×90×160(外) 805×90×160(里)	厢拱	790×90×160(外) 870×90×160(里)

柱头科 斗口145　平身科 斗口100

图六十二 大雄宝殿斗拱大样图

双步梁的后尾，中间于大内额端部接触。后金柱大内额和明间后金柱均隐于后扇面墙内，其构造与前金柱不同。明间后金柱上直接承托的是大斗、十字交叉雀替和顺梁，该顺梁前端直接坐于山面柱头斗拱上，后端伸入金柱内侧，顺梁上承托大内额，大内额两端伸出金柱以外约2米，大内额端部和山面斗拱后尾伸出的两层枋木相接，次间双步梁后尾搭在顺梁和枋木上，枋木的上部设顺木，其上部是驼峰，其上置一斜杆，前部交置正心枋，后部与另一方向的斜撑相交，斜杆上是踩步金随梁。

　　七檩六椽用四柱，平板枋与额枋呈"T"形，平板枋出头做出海棠线。柱有侧脚，角柱沿进深、面阔两个方向侧脚各侧4厘米，明、次间柱仅沿进深方向侧脚，侧脚4厘米。墙体收分较大，为13厘米，外墙下碱用38×19×7厘米条砖顺砌。内墙下碱砖为34×23×7厘米。

　　双步梁和大内额上有天花龙骨的痕迹，推测原有天花藻井。

　　四缝横向梁架间设有多道纵向联结构件。脊瓜柱柱头间设枋，枋下出单面雀替；其中明间两缝梁架脊瓜柱枋下设斜向支撑，三架梁底、双步梁上驼峰间均设纵向连接枋。前大内额上方、与踩步金底皮齐

1

2

3

4

5

6

7

8

9

10

11

12

13

14

15

16

图六十三 大雄宝殿及其梁架结构

1. 大雄宝殿正立面
2. 大雄宝殿背立面
3. 大雄宝殿垂脊花饰
4. 大雄宝殿侧立面
5. 大雄宝殿斗拱
6. 大雄宝殿前檐次间隔扇门
7. 大雄宝殿前檐柱头科斗拱
8. 大雄宝殿角科斗拱

9. 大雄宝殿角科斗拱后尾
10. 大雄宝殿后双步梁
11. 大雄宝殿角部梁架
12. 大雄宝殿前金柱间大内额
13. 大雄宝殿山面后视
14. 大雄宝殿前双步梁
15. 大雄宝殿梁架
16. 大雄宝殿明间梁架

仍有一贯通枋相连。

大殿檐下施单翘重昂七踩斗拱（侧面后檐柱柱头科除外），明间施三攒平身科斗拱，次间施两攒平身科斗拱，稍间一攒，山面当心间施三攒，次间施两攒。侧面后柱头科为三翘七踩斗拱。平身科斗拱正心瓜拱，万拱材宽10厘米，外拽瓜拱、万拱、厢拱宽9厘米，昂宽10厘米；第一跳翘头出跳短促，是该殿斗拱的一大特点。第一跳18厘米，第二跳15厘米，第三跳30厘米。第一翘紧靠座斗，与正心拱平行设厚4.5厘米的异形拱；头昂和二昂间华头子呈斜杆状，末端转为菊花头，下有内侧二道翘承托，内侧不用内拽瓜拱、万拱，取而代之的是在小斗上各施一层异形花瓣拱；二昂为真昂，后尾转为六分头；二昂上蚂蚱头后尾斜杆一直延伸至下金檩下，固定与檩下的两个枋间；蚂蚱头上是出头的撑头木，前部做成麻叶头状，后部三角形，止于正心枋。厢拱两端60度角抹面，外窄内宽，对应小斗做成棱形，为明早期做法的斜拱。昂头为琴面昂。翘头出跳短促，是该殿斗拱一大特点。

柱斗科斗拱有两种，第一种用于各双步梁的端部，共十攒；第二种仅用于山面后檐柱处，仅两攒。第一种柱头斗拱外侧与平身科一致，仅是座斗比前者更大，昂宽12厘米，构造上自第二层昂处开始一致，二道昂下不用斜杆华头子，而是直接由昂转为内侧二翘，二翘上承楔形构件，其外为菊花头状；蚂蚱头、撑头木均至正心枋处为止，内侧转用斜向的双步梁，双步梁的另一端搭于大内额上。第二种柱头斗拱做法简单，外侧除将昂全部改为翘外，其他与第一种一致，后部则不用翘、斗等构件，直接是承托踩步金梁架的三层顺梁。

角科斗拱遵平身科形式，45度斜面上用三重昂，斜撑后尾挑于屋内与之垂直相交的45度抹角梁上。

梁架彩绘，大木梁架上保存有油饰彩绘。檐柱油饰无存，前后金柱麻布做地仗，外油朱漆。内额上彩绘已漫漶不清，似为旋子，当中枋心绘白龙。双步梁和顺梁上梅花、什锦箍头，旋子找头，蓝色枋心。旋子不同于明清官式规矩做法，旋子为桃状，外侧旋瓣，内侧花心，无论构件长短，均做完整的两个旋子，相错对应。因此，箍头、找头、枋心的比例不是固定的。旋瓣从外至内基本上是绿、蓝、绿，当中丹心，旋瓣大小逐步由大到小。整体色彩蓝地、绿花，白、墨比例极少。色调偏冷。斗拱彩绘蓝绿相间。

大殿内原置天花、藻井，1952年、1968年、1969年小学校占用时将其拆掉。因此大内额上皮以上部位为草架，不施彩绘。

脊步七七举，金步五八举，檐步三五举。覆盆高6厘米，檐柱高425厘米，前金柱高485厘米，后金柱高418厘米，大殿通高10.64米。前大内额高60厘米，宽56厘米，后大内额高58厘米，宽50厘米，双步梁为直径40厘米的圆材；单步梁高40厘米，宽33厘米，两侧面弧形。建筑面积337平方米。

使用八根斜梁，斜梁下端置于柱头上，另一端落于大内额或顺扒梁上，其上置柁墩，墩上置檩，节省了一横向五架大梁。大殿梁架为七檩六架双大额式，脊檩下座斗，上宽34厘米，下宽27厘米，耳8厘米，平4.5厘米，欹9.5厘米。座斗上置替木，脊柱两侧为人字形叉手，方形角背，三架梁下前部为垫木、驼峰，后部为座斗，上置十字拱，内侧置一散斗，上承三架梁。金柱柱头置座斗，前金柱座斗上宽56厘米，下宽40厘米，耳13厘米，平7厘米，欹14厘米。前排二根金柱，柱头略显卷杀。

大雄宝殿明间脊檩枋下饰朱红色，上墨书楷体"时大明正统二年岁次丁巳八月己酉初二日己巳丙寅时重建"，脊枋下顺脊串朱红地墨书题记"皇图永固，帝道遐昌，佛日生辉，法轮长转"。

在南墙左边金刚画的左上方，存有壁画作者楷书题记："时大明嘉靖肆拾壹年岁在壬戌冬拾月初拾日吉时谨志，画工匠人任朝相"。在该段文字以西有文字九列，文字漫漶不清，中间有"无处……郎有花……在时"等片语可辨。所有文字题记均在45厘米高，31厘米宽的方框内，框上绘出匾上部的云朵状。在

前檐稍间墙内侧与柱交接部位，留有小字题记，仔细观看才能发现，西侧题记"禅心江上月，僧□世间人"，东侧墙上题记"康熙六十年宣化府天事号年年在此处卖……细绫……等物"，"乾隆玖年八月初三日宣化府广裕号年年在此……细绫绢四牌楼西路南"。内拱眼壁上皆绘粉色圆，内一佛坐于绿色莲花上，佛着红色袈裟，右臂、前胸袒露，跏趺坐，跣足，佛手印各不相同，但每幅佛像皆有三缕胡须，外拱眼壁在白灰上直接绘墨线花卉、虫草。

1982年5月维修大殿时，在殿顶东西山面博脊上，发现明正德九年(1514年)维修时刻记，在琉璃面砖上，属于先刻字后烧制。

东山面博脊上，刻有六行32字"山西汾州介休县，张家里琉璃匠人，乔……，四……蛮子，正德九年七月十八日"。

西山面博脊，竖刻八行53字"修造僧人本圆，门徒了宁，了明，舍人胡琏造宝瓶，信士贺锦造吻，舍人黄玺造吻，总□杜恺造脊，在明正德九年七月十八日造，老匠郭虎"。

在大雄宝殿维修换下的筒板瓦中，许多留有墨书题记："王雄温……"，"保安右卫后所堡信士钱傥造"，"中所孙士造"，"女……金姐"，"右所王氏""……妙安造"

前殿二根金柱及联系构件均被锯掉，木材用于校舍建设。

大殿内现存"敕赐昭化寺碑"，汉白玉石质，碑文由嘉议大夫巡抚大同宣府都察院右副都御史五羊罗亨信撰，字体为秀丽端庄的柳体楷书，刻工精湛。罗亨信的撰文，叙事层次清晰，文采华美。正统年间，宣大一带名刹碑文撰写多出自罗氏之手，如蔚州"敕赐金河禅寺"碑文，宣化镇朔楼"宣府新城记"等，这些均收录于其《觉非集》中。

4. 源殿

是寺内现仅存的一座配殿，位于山门和天王殿之间。源殿硬山布瓦顶，面阔三间9.3米，进深两间5.8米，前檐隔扇门窗装修，后檐阑额以下用实墙封护。建筑座落于0.5米高的台基上，台明四周条石压面，青条砖包砌台帮。两山前后出墀头，墙体下碱条砖，上身土坯砌筑，厚55厘米。土坯墙外抹白灰。建筑面积76平方米。脊步七五举，檐步四举，檐柱径24厘米，高2.63米，覆盆高4厘米。五架梁圆材径28厘米。建筑通高5.62米（图六十四～六十七）。

明间两缝梁架为五架梁用二柱，五架梁上置梯形柁墩，三架梁上立脊瓜柱，瓜柱两侧用角背，脊檩两侧用叉手，纵向为檩、随檩枋、垫板、垫枋四件，檩径较小，下有随檩枋所托，随檩枋刻于三架梁上。柱头施平板枋、阑额，平板枋上用一斗二升斗拱，柱头大斗直接承托五架梁。山面用中柱，通三架梁底，前后插中造。前后檐平身科斗拱并不一致，前檐大斗出挑六分头和麻叶头，后檐直接为两材高的麻叶头。前后檐均出椽飞。后檐墀头挑檐用木支托，屋脊不存，屋面用布筒、板瓦，山面现为披水砖过垄，不施垂脊。

5. 三大士殿

位于大雄宝殿之后，距大殿15.15米，布瓦悬山顶，面阔三间10.64米，进深两间6.44米。建筑面积92平方米。两侧各建有耳房三间，硬山布瓦顶。三大士殿前后台明，高0.47米，青砖包砌，上条石压面。后檐墙封护至阑额下皮，两山墙体厚74厘米，下宽上窄，前檐原有装修，现用砖墙全部封堵。殿内沿后墙有佛台痕迹。据当地老者回忆，当时殿内三位菩萨，"文革"时期被毁（图六十八～七十一）。

梁架结构为五檩四椽用三柱，明间两缝梁架为后金柱前出四架梁对后抱头梁。四架梁和抱头梁下均有雀替承托，抱头梁前部落于柱头座斗上，梁头雕出翘和麻叶头式样，承托挑檐檩，梁上撑头木承正心

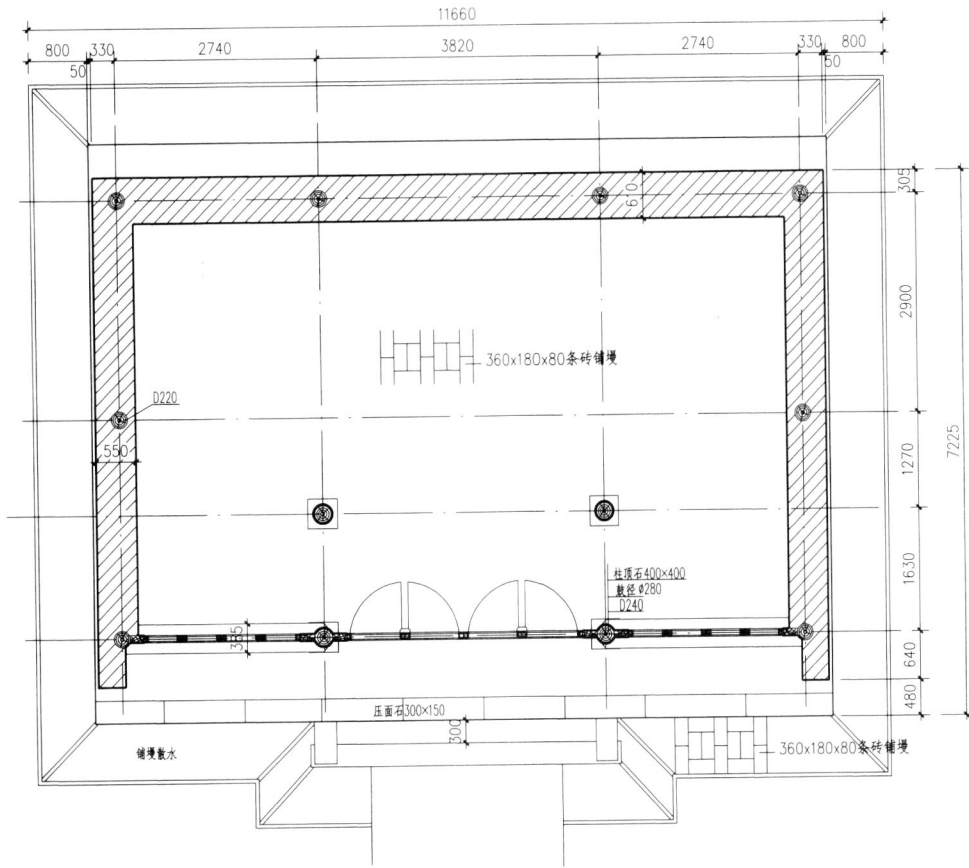

图六十四　源殿平面图

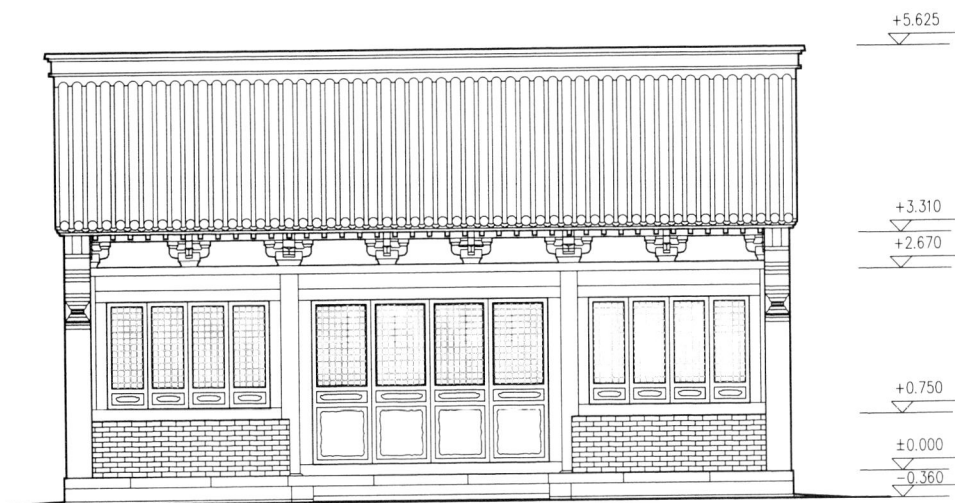

图六十五　源殿正立面图

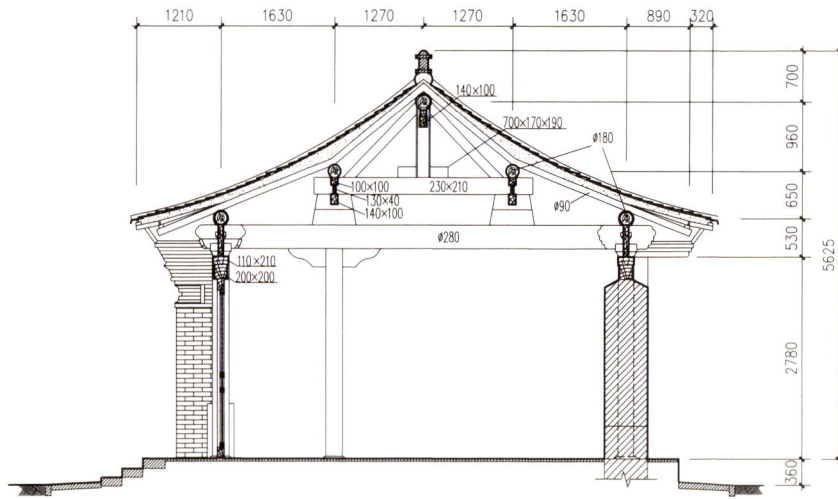

图六十六 源殿横剖面图

1

2

图六十七 源殿及其梁架结构

1. 源殿（维修前）

2. 源殿（维修后）

3. 源殿梁架

3

檩、枋，正心檩下为实材正心枋、正心瓜拱。插金四架梁端部做法同抱头梁，梁上置方形柁墩承三架梁，三架梁的另一端承于金柱上，三架梁上置脊瓜柱，柱两侧置方形角背，柱端施座斗、丁华抹颏拱，脊檩两侧施叉手。山面梁架用中柱，为前后双步梁插中造，中柱直通脊檩，柱端构造同明间脊瓜柱。纵向中柱、瓜柱间施顺脊串将各缝梁架连为一体，明间三架梁与脊檩间施斜向叉手，增强了梁架的纵向稳定。檐部柱头用平板枋、额枋，断面呈"T"形。檐下施单翘三踩斗拱，明间施两攒平身科斗拱，次间施一攒。

檐柱有侧脚，角柱沿面阔和进深方向均侧4厘米，明间柱沿进深方向有4厘米侧脚。前后出檐，施椽飞。

两山悬出仅一个半椽档，两山外侧用博风板，插中双步梁以上梁架外露，梁柱间砌以土坯墙。

瓦顶为灰筒板瓦，捉节夹垄。现正脊、垂脊及吻兽不存。从现存痕迹可看出原有正脊，两山为过垄披水条。

殿内保存有彩绘，形式不同于大殿、天王殿，图案布置自由，图案以花卉为主，用色粉、青、蓝三种颜色比重相近。当心间顺脊串上有题记。在两山墙上保存有壁画三十多平方米，大部分被内墙涂料覆盖。壁画计61幅，除8幅山水画外，其余53幅系《善财童子五十三参》，为分幅连环画形式，每幅壁画右侧有榜题，说明故事内容。每幅画间以祥云自然分隔。壁画粗犷，色泽艳丽，保存较完好。

大木举架，脊步六八举，檐步四五举。通高6.3米。柱径26厘米，柱高2.87米。

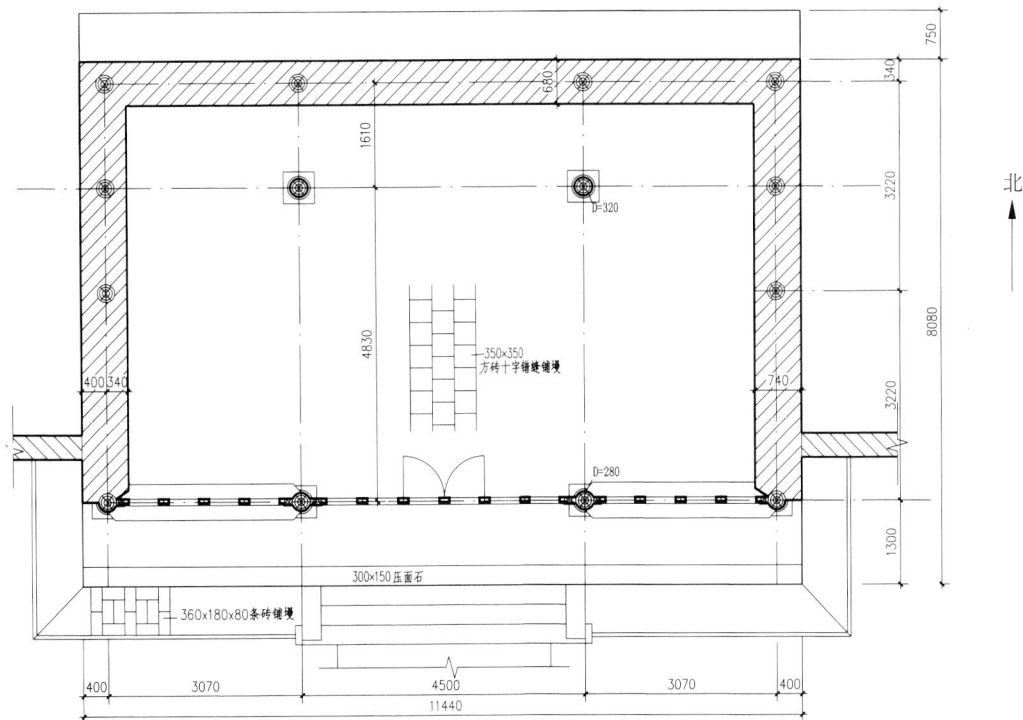

图六十八 三大士殿平面图

6.290

2.930

0.850

±0.000
−0.400

图六十九 三大士殿正立面图

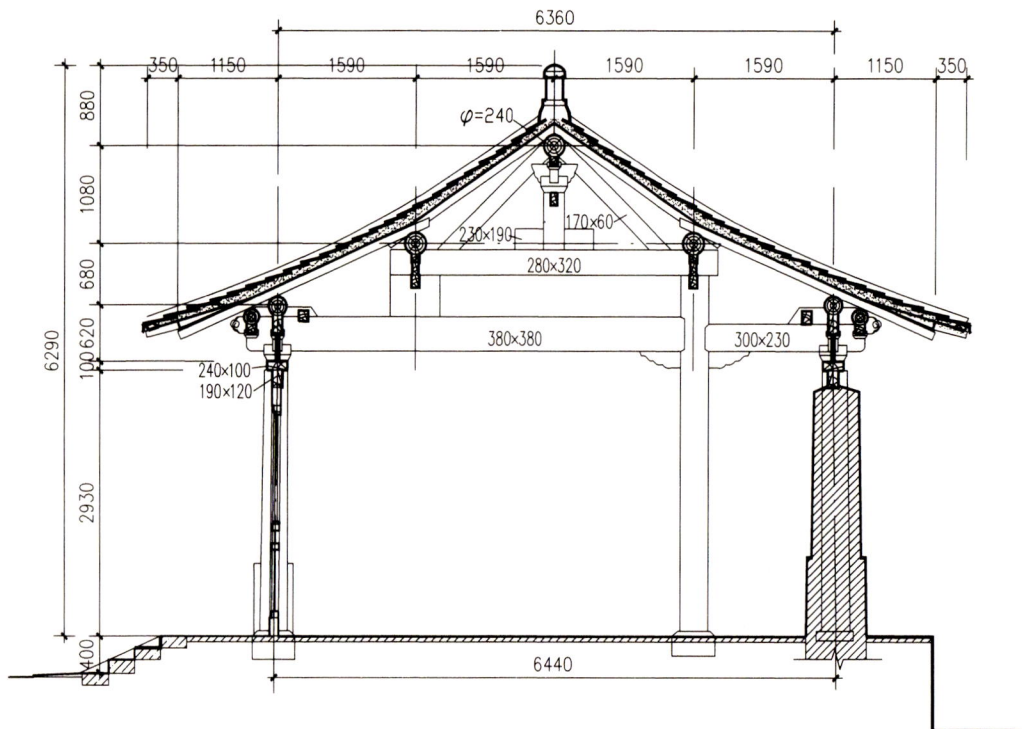

6360

350 1150 1590 1590 1590 1590 1150 350

880

φ=240

1080

230×190
170×60

680

280×320

380×380
300×230

6290

240×100
190×120

100 620

2930

400

6440

图七十 三大士殿横剖面图

1

2

3

4

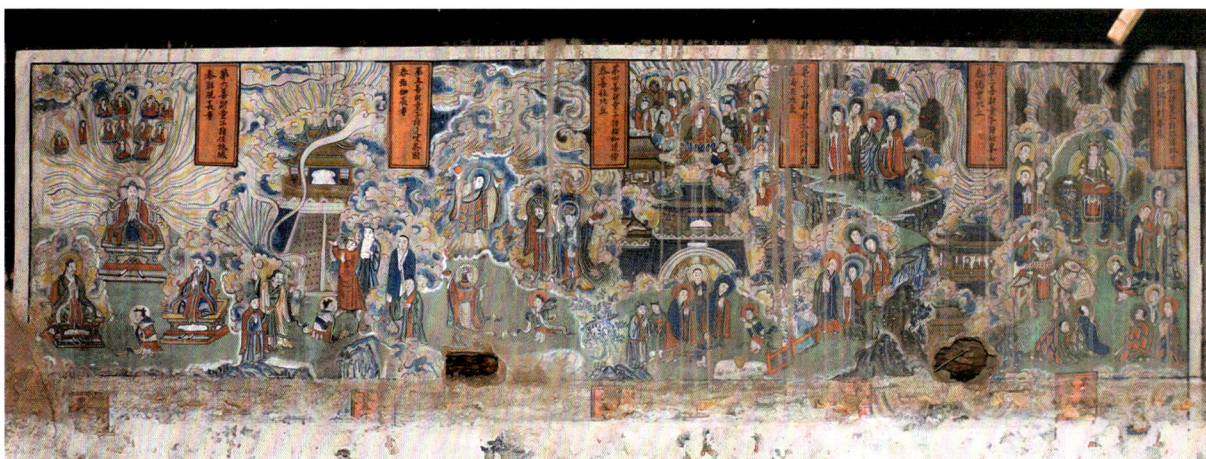

5

图七十一 三大士殿及其梁架结构

1.正立面 2.侧立面 3.梁架彩画 4.殿内壁塑 5.殿内壁画

（六）大雄宝殿壁画

1．壁画布局

大雄宝殿现存壁画93.566平方米。主要分布在大殿的北壁、东壁、西壁和南壁。北壁中门两侧的东次、稍间和西次、稍间各存壁画一幅，每幅画面高2.6米，宽5.18米，两幅共计26.936平方米。东壁壁画画面高2.7米，宽11.05米，计29.835平方米。画面分上下两排，每排11幅。西壁壁画画面高2.7米，宽10.85米，计29.295平方米。画面也分上下两排，上排11幅，下排10幅。南壁的壁画位于东稍间和西稍间，各绘一幅金刚力士，每幅画面高2.5米，宽1.5米，两幅共计7.5平方米。

2．保存状况

大雄宝殿的壁画绘制于明代嘉靖四十一年，时寺庙已修建一百二三十年，至今已历444个春秋，如果历史地考虑问题，可以给出保存状态尚佳的评价。但是，由于壁画所处位置的不同，所面临的保存环境不一，各壁的壁画保存状况存有较大的差别。总体看来，保存面积最大的东壁、西壁壁画保存最好，南壁次之，北壁再次之。

东、西壁壁画画幅众多，内容丰富，保存状态较好。它们所遭受的侵害有以下几个方面：压力和重力作用所造成的墙体和壁面劈裂。由于殿顶压力和墙壁的重力作用，使得东、西两壁沿内柱竖向或斜向开裂，东西两壁各自存在的两条裂缝非常明显，其中，以东壁北部的裂缝最宽，最为明显。这些壁面断裂对壁画造成了较大的伤害，即便是做过简单维护也难以掩盖其对壁画所造成的机械创伤；漏水（雨、雪）对壁画的侵害。在东西两壁的画面上，或多或少都留有因漏水而顺墙壁留下的痕迹，对壁画也不同程度地造成了伤害；酥碱对壁画的侵害。由于地下水等化学原因，使得壁画壁面或表面酥碱脱落，这种损害尤在壁画下部表现突出，使得画面漫漶不清，甚至难以辨别；风力和光线对壁画的侵害。风和光线对壁画的影响较为明显，这种现象在东西壁的北部表现最为强烈，使得壁画色泽暗淡甚至消失。总体观察，这里几乎看不到人为因素的破坏行为，东西壁壁画所遭受的伤害应主要来自自然因素。其中，酥碱和风、光等化学作用对壁画的危害最重，机械作用略轻。

南壁的两幅金刚力士画，东稍间保存较差，西稍间保存较好。壁画所遭受的侵害除下部的酥碱外，似以漏水所制造成的壁面水流痕迹对其破坏最大。

北壁壁画遭受侵害最为严重，保存状态最差。其中，门西次、稍间画面损坏最大，已经很难辨别壁画的内容。东部画面略好。从表面观察，漏水和酥碱是造成它们保存状况很差的根本原因。

昭化寺壁画内容广泛，题材众多，画工精湛，科学和艺术价值极高。鉴于目前保存现状，已经达到非抢救不可的地步。因此，我们同意国家文物局"关于怀安昭化寺修缮工程设计方案的批复"中"深化壁画现状保护设计方案"的要求，从速制定科学可行的抢救、保护、研究方案，尽快对昭化寺壁画实施保护工作。

3．壁画描述

1）北壁壁画

北壁东次、稍间壁画：

共绘有佛一人，侍卫菩萨四人，金刚八人，明王六人，及小坐佛三十四躯。其布局是佛居中趺坐，四尊菩萨对称坐于佛两侧，但位置比佛要低。在同一侧的二尊菩萨也是内高外低。在佛的头部两侧、两内侧菩萨上方的祥云上，各有十七位小坐佛。在侍卫菩萨像外侧，各绘有明王三人，金刚四人。整个画面以佛为中心，人物高大丰满，充满整个画面。

1．佛：为毗卢遮那佛，跏趺坐于须弥座上，绘头光及圆形背光。螺髻，红纱，长眉秀目，面相丰圆，双手于胸前作智拳印。

2．菩萨：均戴各式花冠，金环垂耳，插步摇，蛾眉细目，弯鼻秀口，裸胸束绅带，身饰缨络，丝绦结环于背，各外披红、白、黄、绿天衣，穿青纱衫，低胸裙，膝部束珠宝丰盛的丝带，手足着镯。右侧上位菩萨，左手握净瓶于胸前，右手拿嫩枝，应为观音菩萨，跣足跏趺坐于莲花座上。下位菩萨左手拈花上扬，右手腕部落于膝上而手掌微扬。左侧上位右手持如意的是文殊菩萨，下位头光内有经卷的是普贤菩萨。

3．明王：明为光明之意，明王是佛、菩萨的教令轮身，显愤怒像，以降服恶魔。左上角的一组明王已漫漶不清，右上角三位明王被一团团火焰所包围，均竖发长扬，身体赤裸，腰间束捍腰短裙。前左明王三头，头顶发间是菩萨真身头像，正面头三眼，虬髯短须，颈饰金项圈，垂宝挂带，绿色帔帛环肩绕臂，右臂斜挎背囊，生四臂，后二臂各举骷髅棒、宝剑，兵器交于头上，前二臂一手持弓，一手用二指夹箭，双腿正夹骑于一卷毛雄狮上，狮子张血盆大口，该明王横眉广目，嘴角上翘，面带喜色。

前右明王，头束花冠，生三头，长发散扬，正面头三眼，虬髯短须，颈饰金项圈，下身绯带束腰，红裙，长长帛带绕身，身生六臂，上二臂一手举斧，一手拿卷轴，高举头上，中二臂一手捉帛带，下二臂一手捉帛带，一手提宝剑，胸间尚有一蛇。右腿跨步向前，左脚拍压在一白马背上，白马被压趴地，前腿压断分离，痛苦不堪。明王手足着镯。

4．金刚：呈四排二列式站立，右侧四位均武士装束，头顶裹巾而环以宝冠，面色或褐、黑、绿、红。前排二位金刚裸胸，饰缨络，分披青、皂天衣，红白裙裳，腰结丝带，手足戴镯，或红或绯帔帛绕身。上位金刚，右手侧握金刚杵，左手张扬于胸前。下位金刚左手金刚杵于地，右手横伸于左臂之下。二人均赤足，露出凸突的肌肉，扬眉立目，鼻大口呐，杀气腾腾。后者绿面，绿曲领压肩，红战衣，着护膊，环帔帛，双手端抱一巨大琵琶，似为天王之一。另一位因壁画损，仅可见冠目，但狰狞面目与其他金刚一致。

北壁东次间、稍间壁画

北壁东稍间侍卫菩萨

北壁东稍间明王

北壁东稍间金刚、天王

北壁西次、稍间壁画：

壁画漫漶不清，依稀可见中为佛，趺坐于须弥座上，双手于腹前做禅定印，左右各两尊菩萨。左侧上位菩萨右手握剑于胸前，左手轻扶于剑上，赤足垂坐。下位菩萨左手捧一宝盆于腹前，右手笼罩于盆上方，赤足垂坐。右侧上位菩萨左手提一串佛珠，右手托于珠下。下位菩萨模糊不清。四菩萨均有头光。

金刚：四位中，两位较清晰可见，均位前排。上位金刚文官装扮，戴通天冠，五缕长髯，翘眉瞪目，面带惊恐，外着绿色半臂长衫，内绯色低领广袖袍，方心曲领，白纱中单，围蔽膝，前结如意带，帔帛环臂，绶带，高头大履，左手持笏板，右手端伸向前。下位金刚武士装扮，头戴披风，额饰兽面，顶揽红缨，净面短髯，扬眉细目，肩部护膊，胸束皮甲，兽头抱肚，白带束捍腰，粉色下装，白宽脚裤，吊腿皮履，皮甲下露出裘毛。右手抓一箭，左手持劲弓，神态威严。

北壁西次间、稍间壁画

北壁西稍间金刚

2）东壁壁画

东壁上层，由北而南：

（1）圣僧罗汉众

此幅与西壁第23幅共同组成罗汉图。画面绘九人，人物全部被安排在旷外，显苍松、石洞、落木、山梁。所有圣僧或坐或站、或静思，或观望，悠闲自得，栩栩如生。最上部是一罩头老僧，披蓝鹤氅，穿黄袍，双手合十于前，正打坐默经。其前方为莲花座台，台下是一块平地，站一老僧，有一红衣幼童搀扶，其面容衣着模糊不清。另一脸色黝黑的罗汉盘腿坐于高座上，红袈裟，左衽黄袍，左手托一宝瓶，右手持有莲花，面容清瘦憔悴，长相怪异。另五位僧人上下并排，面依左山，或坐或站，其前方远处有一灯柱，都在凝望。其中最上红袈裟、绿袍，双手褪袖于石梁上，隔梁观望，面带疑惑。另一僧人绿袈裟粉袍、肩搭帔巾，打坐一布垫上，双手合拢放于腿上，眉毛微扬，面带喜色。端坐在莲座上，披红格粉底僧衣的高僧长鼻短髯，一手似握有卷轴，正目不转睛，平视前方。站于树后浅黄衣袍的僧人是唯一未穿袈裟者，面相丰满，右手伸向腰间紧丝带，左手握有山果，身体向前微倾，身旁一个可爱的小孩儿正四处张望。下方一位老僧，着绿道红袈裟，正坐于山石上，石上有布单铺垫，左手垂下，面似带忧伤，前面灌草中隐约可见昆虫飞于其间。这种人物环列式布置，对于端部画面是一种巧妙的处理方式。

（1）东壁上层 圣僧罗汉众

（2）玉皇大帝无色界四空天众

佛教把世俗世界分为欲界、色界、无色界，每界分数重天。"一切有情众都在欲界、色界、无色界三界中生死轮回"，只有到达涅槃境界成佛才能超脱三界之外，到达西方极乐世界。

无色界分为四天，即空无边处天、识无边处天、无所有处天、非想非非想处天。

玉皇大帝为四御之首，地位仅次于三清，为道教主神，总执天道神仙世界，其全称为"昊天金阙无上至尊自然妙有弥罗至真玉皇上帝"。

画面共绘七人，主神二人，从臣二人，另三位为侍从，人物簇拥成一团组。当中二位分别为玉皇大帝和无色界天神，玉皇大帝戴冕旒，黄色宽袖大袍，方心曲领，帛带环臂，高头履，双手缠丝巾拱笏板，五缕长髯飘落如丝，五官疏朗，安详自然，仙风道骨。其右前方一红衣黑靴童子头顶托盘，内置珊瑚石，童子眉清目秀，天真可爱。在玉帝左侧并立的天神，头戴玉冠，大袖红袍，方心曲领，大带环腰，高头履，双手合拢褪袖搭于腹部，五缕长髯如丝，神情俊逸自如。右侧将官，戴翘角幞头，粉袍大袖，帛巾飘摆，前后如意带结，云头履，短髯黑发，鼻目方正，双手捧印于胸前，侧站目视前方。二天神后面侍官戴小冠，绿袍，三缕长髯，柳眉豆目，双手合十。玉帝右侧执旗幡者为一宫女，红丝带结花朵与发顶，红色花边广袖大袍，面目丰盈，成熟娴静，正侧视玉帝。无色界天神后执宝盖者为一武士，头结小冠，颈系披巾，绿袍红抱肚白杆腰，昂首阔步，一幅英勇无畏形象，伞盖下悬有铜镜，饰以带结。

（2）东壁上层　玉皇大帝无色界四空天众

童子

（3）色界四禅天众

色界是三界中的第二界。分初禅、二禅、三禅、四禅，合称色界四禅天。

共绘有八人，其中主神三人，全部为女神，侍从五人，二男三女。三位主神被侍从簇拥于当中。左一女神，戴花冠步摇，大红天衣，内衬黄袍，系如意带结，云头履，左手平托翠玉如意，右手单指微扬。中间女神巾结高髻，前饰火焰宝珠，青罗袍红敝膝，双手合十于胸前。右一女神起高髻，束似花冠，红袍帛带环臂，系如意带结，云头高履，双手拱笏，秀眉丹目，丰姿秀丽，双目平视向前。三位女神均樱桃小口，两外侧侍女，均发髻后结，披云肩，广袖霞衣。右侧侍女双手托多宝盆，略躬身前送，左侧侍女双手托扶高颈瓶，内插一支绿叶中盛开的牡丹。另一羽衣侍女执旗幡。后面二位中年男子，均戴玉冠，红袍罩身，一人擎羽毛团扇，一人举巨大的红罗伞盖，神态恭谦安稳。

（3）东壁上层 色界四禅天众

侍女

（4）欲界上四天主并诸天众

欲界是三界中最低的一界。在此界内者，均有食欲、淫欲、地狱、牲畜、饿鬼在此界内，诸天神也在此界。

画面共绘有九人，中心为四位女性天主，五位侍从四男一女环列其后。四位天主分戴天冠、花冠，分着黄、红、绿、玄色广袖长袍，敝膝绶带，云头高履。一人双手持笏，二人双掌合十，一人褪袖拱手于胸，均体态丰盈大度。女侍执旗幡，结髻于脑后，云肩粉袍，端庄自然。四天主前站一侏儒，高不及膝，络腮须，浓眉大眼，赤上身，红裤白捍腰，赤足，左肩斜搭帛带，头顶巨盘，盘当中置一莲座，上立一微型雄狮，正仰天长吼。另三位男侍，两人执红面团扇，一人执红罗伞盖，均头戴玉冠，外罩广袖衫，袍长至膝，吊腿皮履，其中两人披巾于肩者，均左向侧望，面容长相，十分相似。

欲界上四天主并诸天众

（4）东壁上层 欲界上四天主并诸天众

侏儒

（5）星主北极紫微大帝

北极紫微大帝属于道教"四御"中的第二位。称"中天紫微北极太皇大帝"。北极又称北辰、天枢，被称为众星之主，众神之本。北极紫微大帝的职责是，协助玉皇大帝执掌天经地纬，日月星辰，统御众星和四时节气。北极紫微大帝产生后受到历代帝王的礼祀。

画面共绘有八人，北极紫微大帝居中，后跟二位随臣，五位侍从，侍从三男二女。北极紫微大帝冕旒玄衣，红色蔽膝，绶带组佩，高头履，双手裹巾拱笏板，面庞白净，五缕细髯如丝，二目有神。二位随臣均戴笼巾貂蝉，方心曲领，广袖长袍，绶带组佩，圆头高履。一位净面黑髯，面目文雅；另一位络腮长髯，浓眉大眼，均双手拱笏板。三位男侍从，均戴小冠，披披肩，广袖衣袍，面目憨厚，两人擎绣团龙红团扇，一人举伞盖，伞盖下悬如意带结和锦球迎风飘摆。执旗幡女子发髻高结，云肩环颈，帛带飘扬，粉色宽袖长袍，鱼鳞裙裳，正伸头侧望，眉清目秀，举止高雅。最前女侍红袍广袖，双手将圆托盘高高托起，盘中一圆台座上，蹲坐一麒麟。

（5）东壁上层　星主北极紫微大帝

北极紫微大帝

侍
女

随臣

绣龙团扇和
飘扬的帛带

（6）太乙诸神五方五帝等众

太乙系道教尊神，被称为"太乙救苦天尊"。五方五帝，道教称东、西、南、北、中为五方，东方青龙为青帝，西方白虎为白帝，南方朱雀为赤帝，北方玄武为黑帝，中央麒麟为黄帝。据《云笈七签》卷十八《老子中经》曰："东方苍帝东海君也"，"南方赤帝南海君也"，"西方白帝西海君也"，"北方黑帝北海君也"，"中央黄帝君也"。

画面共绘九人，除五位天帝外，有太乙神，武士二人，执幡天女一人。人物分列前后两排站立。执幡天女位于前排左端，结红巾，裹发髻，广袖红袍，帛带环肩飘扬，云头履，弯眉、杏目、樱口、淡妆。紧邻天女者带通天冠，络腮长须，大袖粉袍，圆头高履，双手拱笏板，正侧目回眸，面态饱满，成熟老道，此位天神应为太乙神。前排右二位、后排左三位为五方五帝，统着冕旒，方心曲领广袖大袍，披帛巾，相貌神态较为相似，均双手持笏板，绶带，组佩佩饰整齐，除后排中者赤面，络腮长髯，面貌威猛外，其他四位，净面细髯，柳眉丹目，神态俊朗，温文尔雅。两位武士绘于后排右侧，各戴玉冠，右者披大红袖衫，绿袍，鱼鳞抱肚，白花捍腰，吊腿皮履，双手拱握于胸前，表情专注。左者白披肩，粉袍宽袖，面庞丰满可爱。

（6）东壁上层　太乙诸神五方五帝等众

五帝与天神局部（后页）

天帝

天帝及武士

（7）上清十一耀星君等众

道教谓日、月、金、木、水、火、土、计都（彗星）、罗喉（蚀星）、月孛、紫气为十一大耀。

画面共绘十二人，除执旗幡童子外，十一位星君呈四排站立。执幡童子束发于顶，绿袍黑履，圆脸黑眸，幼稚天真。

太阳神和月光娘娘站在最前排，太阳神戴通天冠，红袍广袖，方心曲领，山形高履，朝服打扮，三缕短髯，双手于胸前作势，一轮红日漂浮在手上方，本地区大体包含他是十一耀中地位最高之神，跟人们对太阳在自然界中对万物生长生存的重要作用的认识有关。其仪态庄重，显出帝王风范。月光娘娘小花冠结发髻，广袖白色天衣，曲领如意心压领，红蔽膝，长裙细柔如水，云头高履，左臂前伸，手掌微扬，右手握一珊瑚，珊瑚上托一月光银镜，似正以柔色撩人的月光照亮人间黑夜。月光娘娘清眉凤目，神情专注，表情友善。

第二排最右戴梁冠，玄衣大袍，方心曲领，朝服王公打扮者为木星，他左手张开，右手执笏，长眉细目，短髯，似正在讲解。其右侧一老者，皓发银髯，结小冠于顶，外罩黄色道衣，内红袍，天庭饱满，寿星之相，右手拄杖，左手持符牌，似正听讲解的是土星。老者右侧为三位装束一致的女神，高髻束花，云肩环颈，云头高履，分着红、黄、黑广袖长袍。左手执天书，右手握笔的是水星。另一女神双臂抱扛装入红囊中的琵琶，为金星。第三位双手拱笏板前拜，弯眉细目，脸色红润，为火星。后二排为蚀星、彗星、月孛、紫气四凶神，其一上身赤裸，瘦骨嶙峋，褐发上扬，头上绿帕罩头并系一卦牌，颈悬玉佩，腰缠念珠，下身束捍腰红裙，右手擎宝剑，左手下垂，紧紧抓住环肩绕臂的绿帛带，环眼，兽鼻，形象怪诞。其二戴绿梁冠，虬髯上扬，赤面，着大红袍，双手持笏，面带喜色。其三黑色小冠，束发上扬，大耳结环，眦目张嘴，面无血色，恐怖瘆人，绿袍，双手持笏。后排最后一位发髻结于脑后，云披肩，红衫，三缕短髯，右手挥剑，左手握身前背后飘动的帛带，其浓眉虎目，英气十足。

上清十一耀星君等衆

（7）东壁上层　上清十一耀星君等众

星君局部（后页）

太阳神和月光娘娘

（8）天地水府三官北极四圣真君

天地水府三官信仰起源于原始宗教对天地水的自然崇拜，早在东汉时期，道教吸收三官为其神灵，掌人间祸福，主鬼神升迁。关于三官来历，有多种说法，据《重增搜神记》、《三教源流搜神大全》，三官为陈子椿与龙王三女所生。天官赐福，地官赦罪，水官解厄。因祸福荣辱与人们关系密切，三官受到广泛崇拜。

北极四圣又称北极大帝四将，即天蓬大元帅、天猷副元帅、翊圣黑杀将军、佑圣玄武将军四真君。

共绘人物十人，画面前面为天地水三官及其二位从属，北极四圣真君站立其后，执幡天女在最左。

天官在前排最左，冕冠，广袖绿袍，方心曲领，束捍腰，结如意带于前，山形履，帛带绕臂而下，右手持笏板，左手于前胸作拈珠状，正侧首左顾，神态慈祥安稳。地官通天大冠，方心曲领，黑边宽袖黄袍，双手褪于袖而交于前，绿色帛带环肩绕臂，头微后仰，眼下垂，傲气十足模样。水官进贤冠，粉色长袍，方心曲领，绶带组佩，高头大履，五缕长髯下垂，长眉细目，右手捧托一卷天簿，表情专注向前。其后二位文官，文官戴进贤冠，方心曲领，广袖红袍，面目笑态，怀抱天簿。北极四圣真君中，前排两位均无冠，结发于后，外披褐色绣花天衣，而内摆金甲，二人均手持剑，剑斜搭于左肩，左手撩起下裳，短须，竖目，威武中透露出机警。后排两位真君无冠巾，头发上扬如火，方口龇牙，环眼圆睁，头颅又生出一小头，依然怒相扬发，颈饰玉佩，上身赤裸，帛带环肩飘扬，下束捍腰绿裳，赤足站立，身生四臂。左侧真君四臂分持天钩、绳索、天尺、铜镜。右侧真君两臂张弓搭箭，一臂竖扬宝剑，另一臂手中捏有一花，二天神肌肉浑圆有力，神色张扬。

天地水府三官北极四聖真君

（8）东壁上层　天地水府三官北极四圣真君

地官及水官
四圣真君局部（后页）

真君

（9）角亢氐房心尾箕斗牛女虚危室壁星君众

角亢氐房心尾箕系二十八宿的东方苍龙七宿，斗牛女虚危室壁系二十八宿的北方玄武七宿。二十八宿最初用来标志月亮在一个恒星月中的运动位置，一个恒星月中月亮每晚在满天恒星中都有一个位置，一个月换二十七或二十八个位置。二十八宿星象概念，最早出现于中国。张家口宣化辽墓出土的墓室顶部有二十八宿的形象。

画面共绘十五人，其中一位为执幡童子，其他为二十八星宿中的十四位宿神，十五人整齐站成四排。执幡童子梳双髻，粉袍，站在第二排。前面一排中二位兽面者，束发兽冠，神态怪异，其他男神均通天冠或进贤冠，女性者花冠结发，头饰有圆镜，上有星符，所有人均大袖朝服，绥带组佩，方心曲领，或拱举或平托笏板，或将笏板夹于腋下。人物神态各异，专注不一。

（9）东壁上层　角亢氐房心尾箕斗牛女虚危室壁星君众

宿神

宿 神

（10）奎娄胃昴毕觜参井鬼柳星张翼轸星君众

奎娄胃昴毕觜参系二十八宿的西方白虎七宿，井鬼柳星张翼轸系二十八宿之东方朱雀七宿。

画面绘十五人，发髻后结，绿袍童子执幡引导着十四位宿神，星宿神站立成四排，计有九男、五女。人物装束如上幅。其中引人注意的是在后排几位星神的头冠中，更清楚地标志着每人所属星宿，头饰上的动物计有金鸡、双蝎、蛇、天羊、龙、天鹰等。

（10）东壁上层 奎娄胃昂毕觜参井鬼柳星张翼轸星君众

(11) 天曹府君掌禄算诸司判官

判官是森罗殿里阎王爷的主要帮手，判官数量较多，按职能分，有阴律司、赏善司、罚恶司、查察司、掌禄司等。

共绘七人，由一结双髻着绿袍的童子执旗引导。前排左一应为天曹府君，通天冠，细目长髯，广袖红袍，方心曲领，圆头高履，双手托袖拱笏板，专注前视。紧邻其者，为戴进德冠，方心曲领，黄袍广袖，绶带组佩，双肩绕帛巾，面目清瘦，双手交拢，搭于腹前。其他四位中，有三位戴尺脚幞头，一人兽冠，均着圆领窄袖官袍，足蹬朝靴，三人怀里抱生死簿，一人向前拱笏板。表情严肃，武威有度。

（11）东壁上层 天曹府君掌禄算诸司判官

诸司判官及引导童子

东壁下层，由北而南：

（12）往古帝王王子王孙文武官僚众

共绘有十五人，分上下两组，上层五人，下层左侧二人，右侧八人。执旗者为一年轻女子，结发于脑后，云肩白衣，前结如意带结，正在回首顾盼后面跟来的众人。紧随其后者为一戴五佛冠红色袈裟，璎珞饰身的菩萨，细目微睁，双手合十，正在诵经前行。执幡者与菩萨是该幅中最高大的人物，其他人物依远近而尺寸递减。菩萨后随六位戴幞头，执笏板（或拱手），团领官袍，挎带的官僚，神态表情各异，似亦步亦趋地跟行。在官僚的下方，有两个孩童，戴梁冠，黄袍挎带的应是太子，红衣剃头者为普通王子，二孩童似还在边走边聊，无所畏惧的样子。

上层有文官二人，武官三人。文官幞头罩头，着官袍，双手拱笏板前拜。左侧武官着幞头，黑面虬髯，绿战袍，内铠甲，束捍腰抱肚，双手搭于前胸，神态威武，怒目前视。当中绿巾罩头，宽袖绿袍，双手执红缨枪，净面细髯，憨实平和。最右者头裹绿巾，披肩前后护甲，后背弓箭，双手握拳，似刚从沙场归来，一幅壮志未酬形象。

（12）东壁下层　往古帝王王子王孙文武官僚众

文武官员

武将

王子

（13）阿修罗大罗刹等众

阿修罗是佛教天龙八部之一，原为古印度神话中的一恶神，其容貌丑陋。罗刹全称为罗刹娑。原为古印度土著民族，雅利安人征服印度后，凡遇恶人恶事，皆以罗刹称之，罗刹遂成恶鬼名，后被佛教吸收，为恶鬼的统称。

画面绘七人。最前一菩萨状天神，戴花冠，红色天衣，周身璎珞，下着重裙，帛巾绕肩环臂飘摆，前如意带结，一手向下，施无畏印，一手至前胸，托一火轮，身后有巨大的头光，弯眉柳目，面相饱满，略昂其首，向前端视，双足立于二莲花足垫上。其上方一持宝幡武士，绿脸赤发虬髯，扬发兽冠，披肩巾，束捍腰，前结丝带，左手搭右臂，右手擎束起的宝幡。执幡武士上方有一黑绿色怪兽面恶神，赤发上扬如火，头结骷髅冠，环目圆睁，方口龇牙，杀气腾腾，帛带缠身，下身束绿裙，肩生六臂，一双手各托红日白月，一双手交叉于胸前，另一手擎长戟，一手托火团。菩萨状天神身后，站有四位扬发怪面，拱托日月的恶神。因壁画剥落，仅最下方一位尚可辨认，这是一位头戴骷髅冠，着铠甲，吊腿，却又赤脚的武士，左手持弓，腰间悬箭囊，三根羽尾箭插在囊中。

（13）东壁下层 阿修罗大罗刹等众

（14）般支迦大将矩畔拿等众

般支迦大将又名散脂大将，意为密神，他是北方昆沙门天王的八大药叉将之一，在四大天王下二十八部鬼帅神将中地位最高，统帅二十八部众，巡行世间。同时他又是千手千眼观音的二十八部众之一。

共绘十人，由一结双髻，披灰袍，目光呆滞，双手持旗幡者引导。其他人物共分三组，上四人，中一人，下四人。

上面四人，均竖发上扬，结骷髅或兽冠，面容怪诞而凶猛，各执兵器，两人有肩巾，帛带飘绕。当中一人，软巾裹头，披肩巾，穿红战袍，有铠甲，右肩扛一长戟，正在仰身后望。下面四人，均是全身甲胄的威猛将军，各戴缨盔，兽皮披巾，足蹬战靴，帛带飘舞，或擎剑，或双手挂剑，个个威风凛凛，英气逼人。

（14）东壁下层　般支迦大将矩畔拏等众

(15) 冥府十殿王官等众

佛教称死者之魂迷行之处为冥府，十殿王官又称十殿阎王。阎王最初是印度神话中掌管阴间之王，佛教沿用其说，把阎王当成管理地狱的主宰。据《佛说十王经》，十殿王官分别是：一殿秦广王蒋，二殿楚江王厉，三殿宋帝王余，四殿五官王吕，五殿阎罗王包，六殿卞城王毕，七殿泰山王董，八殿都市王黄，九殿平等王陆，十殿转轮王薛。诸王均有明确分工。

画面共绘有十四人，其中执幡引导一人，菩萨一人，侍女二人，阎王十人。执幡者为一女子，头束红巾，云肩环肩，青衣白裙，弯眉细目，正在回眸而望。菩萨因壁画被损仅可见一角，只显重裙，足立于莲花足垫上，从尺度上说，为本幅画上最高大者。二位侍女站在十王之前，均小花冠，云肩，或粉或青广袖长袍，侧饰绶带，前后如意带结，尖头或云头履，或捧或怀抱巨大的功德簿，为女朝官形象。十王中，左上角为冕冠，方心曲领，红色大袍，手持笏板，当为十王中地位最高者。其他殿王，或通天冠，或进贤冠，各色袍服，方心曲领，双手持笏板，均显中年文官形象。

（15）东壁下层 冥府十殿王官等众

王官

（16）地府三司六案地府都司判官众

地府即冥府，佛道称人死后进入的世界。

画面共绘十一人，上六人，下五人。执幡者站在最左侧，结双髻，绿左衽袍，表情木讷。上层六位判官，各戴幞头，圆领广袖，各色袍衫玉带，两人执笏板，三人或抱或夹大卷生死簿，一人所持物件不详。均中年官员形象，长髯三缕，面色或谦祥平稳或愤怒，神态各异。下层四位判官，装束如前，足蹬官靴，各怀抱大卷文书，似准备升堂办公。

（16）东壁下层 地府三司六案地府都司判官众

（17）地府五道将军牛头阿傍五瘟使者

按照道教的说法，五道将军是东岳大帝的属神，掌管世人的生死与荣禄，他的地位比判官高，是地府大神。又《三教源流搜神大全》称五盗将军，为盗神和财神。

牛头阿傍是阴曹地府的鬼卒，其形象为牛头人身，手持钢叉，力能排山。据《铁城泥犁经》，阿傍在人世时，因不孝父母，死后在阴间变为牛头人身，成了鬼卒，担当巡逻和搜捕逃跑罪人的任务。他常和马面，即马头鬼共同出现，为同职搭档。

五瘟使者即五瘟神，《三教源流搜神大全》卷四叙述，五瘟使者又称五方力士，在天为五鬼，在地为五瘟。春瘟张元伯，夏瘟刘元达，秋瘟赵公明，冬瘟钟仁贵，总管中瘟史文业。

共绘十二人，上层为五瘟使者，下层七人分别是五道将军及其下属和牛头、马面。五瘟使者中仅一人为人相，其结发额箍，红衣衫、绿裙装，束捍腰，圆脸短须，右手执剑，左臂横胸前，手伸二指，身体略下蹲，似在舞剑。其他四位瘟神，一虎面、一狼面、一鸟面、一鹰面，分着粉、青、红、绿色圆领宽袖袍，束抱肚捍腰，虎头者，右掌托一葫芦，左掌横于胸前。狼首者左手提一水桶，右手握一木勺。鸟首者右手抓一长芭蕉叶扛于肩上，左手抱于胸前。鹰首者右肩背一黄色包裹，左手抓住腰带，四兽形象怪诞。

下层牛首者着白衫，右肩扛狼牙棒。马面者着披肩，红袍衫，手握三股钢叉。五道将军及其下属为武将装束，个个战衣飘动，帛带飞扬，昂首站立，每人都扬眉立目，虬髯耸束。

（17）东壁下层 地府五道将军牛头阿傍五瘟使者

（18）起教大士面然鬼王依草附木

起教大士即阿南。面然即面燃，意为脸上冒火，是饿鬼之王。该幅讲的是佛授以阿南专对饿鬼施食的经咒和念经仪轨的故事。据《瑜伽集要救阿难陀罗尼仪轨经》等密宗经典，一日，阿南正在专心修行，面然鬼王突然来到对阿南说："你三日后命尽，如我一样生活在恶鬼中，如要避免灾难，须于明日普施鬼神，以摩揭陀国所用之斛，施舍前来领食的恶鬼一斛饮食"。阿南问佛，佛为他讲了施舍的方法。这个故事后来逐步演变成一种重要的佛事活动——施焰口，焰口亦即饿鬼。目前在我国和东南亚许多地区，仍保存有放施焰口，放河灯的习俗。

画面共绘二十人，其中十九位是饿鬼形象，除下部有组相对集中的人群外，其他分布散乱。该幅画的中心是位于左侧前边，双手合掌，着袈裟的僧人阿南，穿白袍，云头履，站在野地中，正侧首口诵经咒超度众饿鬼。众饿鬼均毛发上扬，面目狰狞，多数裸上身，仅腰间系一布裙，有二人身上以花木遮身，四人上身着短布衫，个个瘦骨嶙峋，惨不忍睹，众饿鬼或奔跑前抢、或合掌乞求，其中一人手握一骷髅，似刚食完同类，一人匍匐在地爬行，似用尽了最后的力气。前面着红裙，绕帛带，身躯巨大者为鬼王。整个画面显示出阿南是饿鬼们唯一的救星，体现了地狱生活的恐怖气氛。

（18）东壁下层 起教大士面然鬼王依草附木

饿鬼

饿鬼

153

（19）往古比丘比丘尼优婆塞优婆夷道士女冠等众

佛教将信徒分为四众弟子：出家男女二众和在家男女二众，出家男众名"比丘"，出家女众名为"比丘尼"，俗称和尚和尼姑。比丘梵语为靠乞食为生之意。在家男众称优婆塞，在家女众为优婆夷，均为梵文译音，意为清信男女或近事男女。

道士女冠，出家入道，男者称道士，女者称女冠。

共绘有十六人，分六组，人群布满画面。画面的中心绘三位剃度僧人，均单肩披袈衣，内袍衫，颈挂念珠。

上左侧四人组似均为比丘尼，面目白净清秀，其中红衣者为幼尼，另一比丘尼戴僧帽。

上部中间二人，男者红巾罩头，着道袍。女者青巾束头，黑衣，似为女居士。上部右二组中，既有戴小冠着鹤氅，执笏板的贵官，戴束花冠的贵妇，也有裹巾子，着布衣的平民百姓，均面露虔诚之色。

下方一组三人，画面十分生动。一僧人正疾步前行，侧有一幼僧扶挽，后又一童挑经书紧随。僧人右手挂虬龙杖，黄袍，袈衣奔跑间滑落在肩后，幼童红袍布履，腰系白带，似边走边向僧人讲述着什么，后面书童，头裹方巾，黑衣白裤布鞋，腰间结白带，上插有一高颈小瓶，似装有神药。书童挑经书的扁担实为一段叉形用具，其右手执担，左手举起，似要呼喊，又似要扶右肩上的担子。

（19）东壁下层 往古比丘比丘尼优婆塞优婆夷道士女冠等众

僧人及书童

比丘尼

比丘

女信徒

（20）往古儒流贤士九流百家众

画面共绘十四人，分成四组。前左一组四人，均着圆领长袍，从每人所持工具可辨认其身份。戴小冠，络腮长髯，一手举剑，一手捧一碗热汤的为一武士，他双目圆睁，张口龇牙，神态凶猛而略显紧张。着粉袍，戴幞头者，左腋下夹一长卷轴，右臂横担于胸者，应为画匠。着绿袍，戴幞头，手提斗笠者当为艺人。着白袍，戴黑幞头者，一手握笔，另一手握拳者当为儒者。

左上侧一组三人，头上戴幞头，着粉袍，斜挎背物者，左手似捏一针，当为行医郎中。街道的布后背有山海纹者，手提圆盘状物，其身份应为一官员。尤为显眼，双手交搭于腹前者，身份不清。

右上侧一组二人，系两位农夫。一位头戴布笠帽，着绿翻领布衫，右手持镰刀，左手握有秧苗。另一位头戴草笠帽，短袖汗衫，肩扛长柄锄头，两人似在交谈。

右下侧一组五人，戴幞头，着绿袍，双手扶抱嵌布木框者，应为从事丝绸织造的手工业者。头裹巾子，着红袍，右手托一布囊，左肩扛招牌的应是乡间卖药者。戴软角幞头，一手举历书，一手正在用手指运算者，应为历算官。头裹巾子，着白衫，左手持盲杖，右手持响器者，似为卜卦算命先生。当中着白衫绿裙，背对画面者，身份不详。此五人除前一人做缓步前行状外，其他三人目光交集一起，似在听历算官讲解。

（20）东壁下层 往古儒流贤士九流百家众

农夫

卜卦算命先生

历算官

（21）枉滥无辜衔冤抱恨赴刑都市误死针医横遭毒药诸产亡等众

共绘人鬼十八个，人物布满整个画面，似表现五个故事，人物也分成五组，上部人物较小，下侧人物较大。故事情节很强，扣人心弦。

右上角一组，绘三位妇女。其中两位为居内打扮，衣着随意，一位头结白丝带，束发，头发零乱，双手抱一婴儿，面色抑郁忧伤。其右着红裙者，束抹胸，披短衫，正在盯着前者。第三位妇女背对画面，脸转向第一位妇女，着长衣袍，似为女佣，此部分反映的当是产亡的妇女。

三妇女前方，绘有一组五个人物，描绘了卖儿鬻女的凄惨场面。左侧一削瘦妇女，结髻于后，以巾掩面，号啕大哭。一位面相饱满，戴万巾冠，穿罗袍者，似出自富贵人家，正向哭泣的妇女拱手作揖，而其双眼却转向了站在妇女前的一老妪。该老妪一手拄杖，一手捧出金钱，面带狡黠，正递向妇女。老妪身后一红布衫男子，手拄木杖，看到当前揪心的一幕，已转过身去，似在唉声叹息。从这场面不难看出，情节应是以老妪为媒介，富人买走了一贫穷夫妇的幼子。这幅画突出表现了当时血肉分离时母亲悲伤，丈夫无奈，富人虚伪，老妪狡黠的一幕人间惨剧。

三妇女的下方，绘有一组二人，正在偷偷密谈。着白衫者为一女子，正趴在一赤膊男人的肩上，面带刻毒，窃窃私语。男人手指伸到嘴角，双目凝视前方，正在下决心。画面似乎表示出二人正在密谋害人。

下两组故事，表现了百姓对贪官污吏、徇私枉法者的深恶痛绝和对残暴统治者的反抗。两个故事都描述了人鬼共同对贪官的报复场面。第一组为一骑高头大马，戴幞头，着红袍，负包裹，挎剑的官员，遭到了两含冤屈死鬼的拦截，官员被吓得双眼紧闭，用持马鞭的手臂遮住脸面。两鬼毛发耸立，面容恐怖，张牙舞爪。前面一鬼，跨步横立在马前，一手捉住马缰，一手高高扬起，示意停止前进。后面一鬼，双手抓住马后部的套具，正用力后拉，势在使马匹停顿下来。出行遇鬼，突出了贪官欺压百姓，遭鬼神惩罚的场面。

另一组描绘了人鬼共同暴打草菅人命官员的情节。一戴展脚幞头，着绿袍的刑官正被二无头鬼扭住痛打，其中一鬼双手死死卡住官员的衣领，另一鬼正举起自己斩下的头颅奋力向官员砸去，其后一带枷披发的犯人咬牙切齿，双手握住枷板正用力向官员砸去，正在反抗着遭受的不公。刑官惊恐失魄，瞠目结舌。另一侧，一鬼注意到发生的一切，正张牙舞爪地向官员奔来。

本幅画反映了人间真实苦难，上半部反映了人间的苦难，下半部反映了大众的奋起反抗，画面安排在一起，对比强烈，感染力强。人们从所受的苦难中，也找到了精神上的平衡，即所有的不幸不公在现实或死后都可以找到发泄报复的机会。为官作恶者，也会受到应有的惩罚。

（21）东壁下层 枉滥无辜衔冤抱恨赴刑都市误死针医横遭毒药诸产亡等众

买卖儿女中的富人

百姓反抗贪官污吏

产亡妇女

（22）投崖赴火严寒自焚兵戈荡灭水火漂焚□数孤魂诸鬼等众

共绘二十五人，人物散布整个画面，反映了人间经历的多种不幸与苦难。

1．兽咬至死，在一小溪旁，一虎正在噬咬仰卧在地上的人，从周围的树木看来，死者应为樵夫。

2．坠崖而死，一着红袍者，从山崖上坠落，腹部着地而死。

3．马踏而死，一红鞍骏马狂奔，马上红袍官人摔到马前，马踏至死。

4．车辗丧命，一黄牛拉满载的木车，将驾车者轧于轮下毙命。

5．蛇咬夺命，一巨蛇咬中一人腿部，人跌倒在地，蛇毒发作而亡。

6．酷暑难耐，两位裹巾子男子，或敞胸露怀，或脱去上衣，一人手执折扇，另一人执芭蕉扇，而且用汗巾擦拭身上汗水，从二人的衣着、动作，暗示了酷暑给人带来的痛苦。

7．寒冬刺骨，难民在寒风中瑟瑟发抖。

8．流离失所，一妇人躺卧在地，一赤膊男子披发端坐在旁，另一赤膊男子坐于另一侧，二人均露出嶙嶙瘦骨，表情沮丧，一翻领粉袍，拱手蹙目，躬身而立，从四人神态看，很可能反映了傍题中所说的大水后，人们流离失所，衣食不保的场面。

9．兵戈之乱，绘有兵士将军共四人，流沛者二人。兵士、将军均着铠甲，巾帕罩头。其中一位络腮须者宽肩巨身，外罩红袍，挂箭囊，面目凶悍。最后面的一兵士，腰挂圆形物，双手捧物，后二布衣平民，一人裸肩拄杖，似失去了一腿，被另一披头散发之人搀扶着。兵事起，百姓涂炭，伴随战争而来的肯定是烧杀抢掠，人民四处奔逃。

（22）东壁下层 投崖赴火严寒自焚兵戈荡灭水火漂焚□数孤魂诸鬼等众

寒风刺骨

灾民

马踏而死

车辗丧命

酷暑难耐

兵戈之乱

3）西壁壁画

西壁上层，由北而南：

（23）□□□罗汉众

此幅壁画与东壁上层相对应位置的"圣僧罗汉众"内容一致，共同绘有十六罗汉。罗汉是阿罗汉的简称，为小乘佛教所达到的最高境界，达此境界者，"诸漏已尽，万行圆成，所作已作，应办已办，永远不会再投入生死轮回之苦"。历史上有十六罗汉和十八罗汉之说。《集说诠真》和《苏轼文集》卷二十《十八罗汉颂》对各罗汉的名称和形象有描述。从绘画内容看，本幅所绘人物与苏轼《十八罗汉颂》的描述更接近。画中八人分别是其中的尊者。第十二尊者，正坐入定枯木中，其神腾于其上，有大蟒出其下。第十三尊者，倚杖垂足侧坐，侍者捧函立，有虎过前，有童了怖匿而窃窥之。第十四尊者，持铃杵正坐咏咒，侍者整衣于右，胡人横短锡跪坐于左，有虬一角，若倾诉者。第十五尊者，须眉皆白，袖手趺坐，胡人拜伏于前，蛮奴手持拄杖，使者合掌而立。第十六尊者，横如意趺坐，下有童子发香缘，侍者注水花盆中。第十七尊者，临水侧坐，仰观飞雀，其一将下，使者以手扶之，有童子提竹篮，取果实投水中。第十八尊者，执拂支颐，瞪目而坐，下有二童子，破石榴而献。

《集说诠真》记述的十六罗汉：一长眉大耳，盘膝侧坐石上，两手抡数珠，面设香炉经卷，侍者合掌而立，下有小虎仰视。二须眉苍郁，挂数珠，摊鞯坐石，煊染作夜景，有光上射闪闪，下龙女捧盘，跪献者盖夜珠也。三赤脚膝坐，左手捻眉，右执塔，异光四射，一蛮奴跪而碾药。四侧坐看经，右挂龙头杖，左手按膝，有鹿衔花以献，蛮奴捧盂而立，盂贮宝无数。五挂杖侧坐，摊经石上，旁设石盖小炉，香烟拂拂，下童子散发，枕肱释卷而睡，六摊经在膝而坐，左手执经尾，右一指着经上，作句读状，龙王席地听讲，面供菖蒲一盆。七著蒲团石上，盘右膝欹左足而坐，左手按膝，右执拂，下视白象献莲一支，有蛮奴持锡逐象后。八侧坐，十指交错，侍者执经而立，经作篆书，一狮踞地上视。九侧坐，脱双履在地，左手执方柄长炉，右手拨香，蛮奴持盒，猿捧香以献。十盘一足，坐松下，一手支颐，竜龙立持状请，松挂小瓶数珠。十一侧坐，一手执龙头杖，努目视虎，虎驯服，侍者旁立，摩乳虎顶。十二抱膝而坐，面设天然小几，供琉璃瓶，贮舍利十数，侍者合掌立于后。十三叠手正坐，面置琉璃瓶，插莲花叶数枝，一童子注水喷涌之势，水花隐隐瓶外。十四庄严正坐，左手执如意，龙王持笏以朝。十五临水侧坐濯足，有云气护龙，盘舞于上，蛮奴挂杖合掌而立。

（23）西壁上层 □□□罗汉众

十六坦腹坐视，蝙蝠背飞下，有蛮奴治炉火，疑煮茶者，筒饮箸拨，右置碗一，盒一。

壁画人物分散，布满整个画面，共绘八位罗汉和一侍者。各罗汉间相对独立，各自作为。人物间穿插山石、树木、家具陈设。

最上罗汉蓝色僧衣，肩搭红色袈裟，盘腿端坐于蒲团上，正端视石壁，右手抬起，做耳语状，修眉圆目。

第二位罗汉络腮短须，红色僧衣，盘腿坐于树下，身体向左微侧，双手托有经卷，浓眉大眼，鼻方口阔，形似胡人。

第三位罗汉紧挨第二位罗汉，垂坐于树桩上，浅色僧衣，内着布衫，足蹬布履，面态憨厚，侧首转视，其前跪一低矮老者，双手托物，似在求情。

第四位罗汉，独坐于山石间，似正苦思冥想，红色袈裟，内青衫，双手托腮，二目呆滞无神。

第五位老僧，盘足端坐在太师椅上，前置方桌，桌上放木函，老僧双手扶住箱函，似要开启，老者皓发银髯，素罗衣，其草鞋置方桌前鞋凳上。老僧前有一石灯，上顶莲花，下固支座，雕琢细致。

第六位罗汉着粉色僧衣，独坐于有扶手的凉椅上，足蹬步履，左手托经卷，似正研读，左侧发生的事件引起了他的注意，正侧身而视，其左侧圆形竹凳上趴伏一人，方巾罩头，似胆战心惊，偷视前方老虎。

第七位罗汉站在一山石后，低首从容关注前方的野兽。浓眉短髯，深色僧衣，双手扶在长长的龙头杖上。

第八位罗汉青色袈裟，露右臂，内罩布衫，垂足而坐，低头注视着前方的恶虎。老虎前腿伏地，后腿用力后蹬，尾巴高扬，似在咆哮。罗汉后躲藏一人，蹲坐于地，表情惊恐，其方巾罩头，布衫长袍，步履，头从双臂中探出，观察动静。

老僧

罗汉（后页）

（24）天藏王菩萨后土圣母众

菩萨梵语意为"觉有情"、"道众生"，其地位在大乘佛教中仅次于佛。天藏王菩萨为佛教菩萨之一。

后土圣母又称后土娘娘，为道教神祇，与玉皇大地、北极大帝、南极大帝合称为四御，辅佐上清。后土崇拜源于原始宗教的土地崇拜。从西汉国家统一祭祀地祇，即后土，成为以后历代定制。后土即司土，掌管土地，最初为阳性，后依据天阳地阴的理论，逐步演变为女性神。成为民间信仰极广的后土娘娘或土地娘娘。

画面共绘六人，前部为天藏王菩萨及其侍从，后面为后土圣母及其侍从三人。

天藏王菩萨头戴花冠，披黄色天衣，身佩璎珞，双手作降魔印，手足饰镯，长帔巾绕肩环臂垂逸，粉色裙裳，跣足立于莲花座上，细目微张，面容和善。天藏王左侧一天女执幡旗引导，天女头戴花冠，披云肩束帛带，长袍绣花，饰绶带，云头履，杏目柳眉，女官形象。

后土圣母头戴等肩冠，耳侧垂步摇，云肩罩肩，广袖羽袍，下着鱼鳞裙，高头如意履，丝巾缠手，并拱笏板，仪态大方，雍容华贵，王后形象。其后为执团扇女侍，粉色团扇上锈金凤，女侍花冠，披云肩，红长袍，正抬头仰视，神情娴静。右侧执扇女官，红巾束高髻，红地金花广袖长袍，蔽膝绶带，前后如意带结，粉面细目。后土圣母身后又一执宝盖女子，花冠青衣，侧首转视，宝幡结带飞扬，宝盖上饰如意、荷花纹。

（24）西壁上层 天藏王菩萨后土圣母众

（25）忉利帝释天主并诸天众

帝释天王音译为"释迦提恒因陀罗"，即天帝之意。原为古印度主神，统治一切，号称世界大王，后被佛教吸收为护法神，为忉利天之主，居住在须弥山顶之善见城，为须弥山之中心。

画面共绘人物七人，其中侍从五人，主神二人。

第一位天神头戴通天冠，三缕长髯疏朗，阔脸朱唇，粉色天衣，博带大袖，帛带绕臂环肩，饰绶带，结如意带于前后，高头履，右手平托玉如意，左手微抬，手褪于袖内，儒雅飘逸，帝王风范。其三面环立侍女，左侧侍女结双髻，团领青袍，外套无袖绣花衫，蔽膝前结如意带结，重裙，双手托盘，面色幼稚可爱。右侧侍女绿巾，结发于顶，着粉色右衽大袖长袍，双手拱于前胸，表情天真自然。

第二位天神戴进贤冠，眉目低垂下视，三缕长髯如丝滑落，着粉色广袖朝服，挎带饰授，帛带在前部环绕飘垂，云头高履，结如意带饰于蔽膝前，左手平端一有柄花罐，右手下垂似正从盘中取物，仪态庄重，神情俊朗。其后紧跟二男侍官，左侧者着小冠，团领红袍，红绶带，高头履，双手托大圆盘，侧目转身，三缕长髯，扬眉细目，警觉有度。身后侍官戴进德冠，外着绿天衣鹤氅，内长袍，双手合十于胸前，立眉竖目，专注前视。

执宝幡者为一威武勇士，披绿三角巾，窄袖袍衫，戴平巾帻，双手执幡，络腮短髯，目光专注。

（25）西壁上层 忉利帝释天主并诸天众

（26）大梵天主并诸天众

大梵天王原为印度教、婆罗门教的三大神之一，代表宇宙和最高主宰、创世主。佛教吸收其为护法神，同时又是色界初禅天之王。

画面共绘五人，三天神，二侍从。男侍执宝幡，头戴小冠，深色袍衫，宝幡装饰华丽，有荷叶状伞盖，垂璎珞为饰，三束如意结带随风飘扬。女侍束发后结，额头饰以花束，粉色天衣，前蔽膝，束结为饰，双手捧盘，盘内一巨形花朵。

三位天神二男一女，均有头光，右一戴通天冠，青色披肩，红色朝服，方心曲领，饰绶带，束蔽膝，帛带绕肩飘动，双手拱笏板，帝王风范，仪态庄重，三缕长髯。右二头戴花冠，右衽素袍，帛带环肩绕臂，双手合十。右三头戴玉冠，披红色天衣，内着青色袍衫朝服，双臂微抬，双手自然伸开，做接引状。

大梵天主并诸天众

（26）西壁上层　大梵天主并诸天众

（27）北斗七星左辅右弼等众

北斗七星分别是天枢、天旋、天玑、天权、玉衡、开阳、遥光，民间俗称勺星，天文学上称大熊座。《史记·天官书》曰"北斗七星，所谓旋、玑、玉、衡，以齐七政。"分阴阳，建四时，均五行，移节度，定诸纪，皆系于斗。道教认为北斗注死，专掌寿夭。隋唐佛教地藏、阎罗信仰流传后，北斗星又改为本命神，分掌诸生辰。

左辅右弼，《纬书集成·河图帝览嬉》记载，斗七星，富贵之官也。其旁二星，主爵禄，其中一星，主寿夭。

画面共绘十三人，呈金字塔式排列，无专职执幡童子或玉女，但有二神分执宝伞盖和宝幡。

最前四人右为持花天女，发髻后坠，面目娴静大方，素装，金环衔耳，绣花云肩，宽袖袍，披帛绕肩环臂而下，左手以白绢布托朱盘，上有一盛开的牡丹，右手轻扶盘上。右二为帝王形象，头戴九疏冕冠，着衮服，方心曲领，三缕长髯，红色帛带披肩绕臂，着云头舄，蔽膝绥带，双手执笏，神情俊朗，帝王风范。右三头戴通天冠，五缕长髯如丝，红色广袖长袍，方心曲领，青色蔽膝，白丝带如意结垂于前，双手紧握笏板，神态虔诚稳重。右四头戴进贤冠，三缕长髯，粉色广袖朝服，饰绥带蔽膝，左手单手执笏，侧向站立，举目平视。

第二排三人，右一头戴方巾小冠，赤面络腮短须，青窄袖长袍，肩披三角白巾，束玉带抱肚，白裤长靴，双手擎伞盖，低目侧视，为帝王之侍官。右二头戴方巾小冠，白三角巾披肩，红色袍衫，双手持宝幡，与左侧人物一样同为侍官。右三头戴金冠，着广袖蓝色团花长袍，双手执笏，侧向站立。

第三排三人，第四排二人，第五排一人，装束、表情一致。头戴金冠，蓝色团花大袖长袍，面目清瘦，三缕长髯，双手执笏，神情仙逸，与第二排右三构成北斗七星君，每人金冠上立一金星状饰物。

北斗七星左輔右弼等眾

（27）西壁上层 北斗七星左辅右弼等众

帝
王

侍女

（28）南斗六星火铃将军等众

南斗六星是二十八宿的斗宿，即北方玄武七宿第一宿，南斗六星在人马座，南斗的位置与北斗相对。南斗主寿命，主爵禄，《星经》曰"南斗六星主天子寿命，亦宰相爵禄之位"。《上清经》关于南斗六星的分工为："第一天福宫，司命星君，第二天相宫，司禄星君，第三天梁宫，延寿星君，第四天同宫，益算星君，第五天枢宫，度厄星君，第六天机宫，上生星君"，称为六司星君。

火铃将军为道教雷部诸神之一，全称为风雹金铃火铃将军。

画面除执宝幡童女外，另绘九人，前排五人，后排四人。

前排右一为一女性，头戴花冠，青罗披肩，红罗天衣，胸前璎珞，红蔽膝，饰绶带，跣足立于莲花锦垫上，手足着镯，右手平托于腹前，上托一杆状物，左手轻抚，直鼻珠口，大方华贵，一副天后形象。右二头戴梁冠，赤面，三缕长髯，粉色广袖袍，方心曲领，腹前青色蔽膝，饰绶带，高头履，双手拱笏板于胸前，侧目而视。右三戴通天冠，净面短髯，红罗大袖袍，方心曲领，双手持笏板，白蔽膝，结如意带于前后，专心前视。右四戴进贤冠，粉色长袍，红蔽膝饰绶带，高头履，举笏板侧视。右五戴进德冠，净面无髯，清秀文雅，红色大袍，方心曲领，端视向前。

后排右一戴进德冠，短髯，大红袍衫，方心曲领，双手拱笏，正回首侧视。右二戴方笼巾，五缕长髯，粉色广袖长袍，方心曲领，双手拱笏，目光呆滞。右三为天空中疾驰的火铃将军，头戴小冠，褐发上扬，络腮短须散乱如丝，立眉慎目，龇牙咧嘴，外着红天衣，内着金胸甲，捍腰抱肚，金鳞甲裙，左手擎剑，右手前伸正在摆火铃，一团火焰正从铃中冒出。右四为一女官形象，红巾结发，绣花云肩，广袖大袍，双手托一白绢布，上为装在锦袋内的金印，饰绶带，面目素雅大方。

（28）西壁上层 南斗六星火铃将军等众

火铃将军

捧印女官

星君

（29）十二宫辰星君等众

根据中国古代天象学理论,把地球上人能看到的太阳在天上运行一周年所经过的轨道,即黄道等分成十二分,称十二次,每次上有星官作标志。《律历志下》列出了它们次的名称:星纪,玄号,诹訾、降娄,大梁,实沈,鹑首,鹑火,鹑尾,寿星,大火,析木。它们按赤道经度等分,并和二十四节气相联系。十二次被认为是日月等行星运行的坐标,能主人间的祸福灾祺。欧洲古代也有类似的星系分法,称为"黄道十二宫"。十二宫的名称随佛经传入中国,十二宫的图形我国现存实物可追溯到唐代。十二宫表示将天空星宿划分为十二个区,在每个区对应的成为宫。传入中国后,被对照十二次翻译,明代就开始将十二次称为十二宫辰。河北宣化下八里辽墓张世卿墓顶即绘有黄道十二宫。

十二宫名称中国和西方称谓不同,从壁画图形所反映的名称,是西方十二宫,其名为白羊、金牛、阴阳(双子)、巨蟹、狮子、双女(室女)、天秤、天蝎、人马、磨羯、宝瓶、双鱼。画中十二人各以手中之物或身旁之兽或本身形象表明星名。

共绘十四人,执宝幡童子头顶攒红巾,绯色窄袖袍。其他人物分三排站立。第一排五人,右一头戴软脚鹅黄幞头,褐面瞪目,络腮短髯,戴项饰、手镯,青罗广袖衫,腰结丝带束抱肚捍腰,红裙裳白裤,系吊腿,足蹬鹰头履,双手环于胸前,十指如钩,两手之间画有一蟹,意喻"巨蟹"。

右二辫发结顶,络腮短须,披粉色云肩,窄袖青罗袍,束红带,白裤吊腿,着云头履,侧头向右张望,作惊异状双手托扶一高颈瓶,右手托瓶底,左手扶瓶身,意喻"宝瓶"。

右三辫发结顶,络腮短须,右衽广袖大袍,白色重裙,配绶带,短眉俊目,专注有神,双手平托宝剑,意喻"天秤"。

右四系净面长者,三缕长髯如丝,头结玉冠,白鹤氅,内青罗袍,红头履。双手拱于胸前,神态和善典雅,侧面跟一金毛骏马,作奔驰状,意喻"人马"。

右五头戴武弁,络腮短须,右衽红色裘皮长袍,裘皮蔽膝,青罗抱肚捍腰,绣花吊腿,鹰嘴尖履,右手持剑,左手伸出食指,似一胡人,侧跟一青毛狮子,意喻"狮子"。

第二排绘四人,右一裹白巾连肩,净面短髯,长眉立目,着护膊,金胸甲,赤上臂,双手抱一黑首白身的小羊,意喻"白羊"。

（29）西壁上层 十二宫辰星君等众

右二为一老者，净面短髯，细眉窄目，青罗袍，方心曲领，戴进德冠，表情犹豫，双手托一圆漆盘，盘中放两条鱼，意喻"双鱼"。

　　右三赤面，五缕长髯，头戴梁冠，团领广袖红袍，方心曲领，双臂横担于胸前，臂上托小神牛，牛正侧卧其臂，侧头向右张望，意喻"金牛"。

　　右四净面短髯，身披鹤氅，内衬右衽青罗袍，双手拱于胸前，右上臂搭一兵器，神态稳重，意喻"摩羯"。

　　第三排四人，右一头顶羊头冠，颈间绕以赤蛇，白罩衫，内金甲，右手宝剑扬起，左手伸至颈部扶蛇，意喻"天蝎"。

　　右二右三为两女子，结双鬟髻，青色三角巾环肩，分别着红罗半臂青色袍衫和青罗半臂红色袍衫，弯眉直鼻，丹唇如珠，淡雅无华。两女并肩而立，意喻"双女"。

　　右四为一武士，头戴皮武弁，青罗窄袖袍，腰系蔽膝，净面无髯，昂首向前，左手持弓，右手提三支箭，意喻"阴阳"。

"人马"与"狮子"

辰星君

"天蝎"与童子

"宝瓶"与"天秤"

（30）五岳大帝江河淮济四渎源王众

五岳即中国五大名山，东岳泰山，西岳华山，中岳嵩山，北岳恒山，南岳衡山。五岳为群神居住之所。祭祀五岳最早见于《周礼·春官大宗伯》："以血祭祭社稷、五祀、五岳，以瘗沈祭山林川泽。"

四渎，即长江、黄河、淮河、济水，他们都是独流入海的大河。《尔雅·释水》"江、河、淮、济为四渎，四渎者，发源注海者也"。《礼祀王制》"天子祭天下名山大川，五岳视三公，四渎视诸侯"。西汉宣帝时期五岳四渎庙祀制度完备，以后历代相沿，奉为祀典。《旧唐书·礼仪志四》"河渎封灵源公，济渎封清源公，江渎封广源公，淮渎封长源公"。宋元皇帝对四渎也有封号。在国家祀典中，岳渎神的主要职能是行云降雨。

画面绘十人，引导为一女子，发髻后束，广袖大衫，用云肩，帛带环肩绕臂。下部五人为五岳神，均朝天硬脚幞头，圆领中袖朝服，腰束玉带，足蹬黑履。均挺胸叠肚，三缕短髯。或作禀事状、或作静听状、或回首状，态度安详自然，一幅王公形象。后部为四渎神，均右衽长袍，方心曲领，配蔽膝，双手持笏板，头戴通天冠，后部三人似在耳语。

五岳大帝江河淮济四渎源王众

（30）西壁上层　五岳大帝江河淮济四渎源王众

渎神

岳神

（31）十二元辰星君等众

中国古代(战国以前)观测天体运动以制定历法，其中之一的方法是把天空由北向东、向南、向西(即左旋)依次划分为子、丑、寅、卯、辰、巳、午、未、申、酉、戌、亥十二个区域，称为十二辰。后与十二生肖相配，十二元辰即十二生肖、十二属相，即用十二种动物来配十二地支。不同国家有不同的十二属相之说。

画面绘十三人，着绿色袍衫、束髻发、执宝幡的童子引导着十二位天神。十二位星辰中男性十一位，女性一位。均右衽袍衫朝服，系蔽膝，双手持笏板，多数方心曲领，如意带结，各式高头履。有两位披红色斗篷，一位褐色鹤氅，头上一般为方巾或小冠，但前部均有一代表星星的圆镜，内有代表其星像的动物图案。除一人为虬髯、面目狰狞外，其他均细髯净面，面目忠厚朴实。

（31）西壁上层 十二元辰星君等众

辰星君

辰星君

（32）主风主雨主雷主电诸龙神众

即风师(或风伯)、雨师、雷公、电母。山海经中即有关于风伯、雨师的记载。风神传说为飞廉神禽或毕星，又有一说为孟婆。早在《尚书》、《周礼》上即有记载。

雨师成为龙在魏晋以后，《抱朴子·登涉》"山中辰日有雨师者，龙也"。初为星宿或屏翳。

雷神源自古代自然崇拜，最初为兽形，半人半兽形，后为人形。并于宋代出现了雷部天众。

电母，即民间信仰中司闪电之神，是随雷神的出现而出现的，被演变成女性，为雷公配偶。

画面绘有八人，上下各四人，上层最右侧为执红宝幡童子，双髻后坠，右衽红襟绿地金花长袍，腰系黄丝带。其左侧为雷公，兽面鸟喙，赤裸上身，颈系红丝带，红乳粉肚，黄丝带束捍腰、绿裙，手足腕部带金镯，右手握锤，左手持錾，其四周环以八面天鼓。另一红袍武士应为电神，红缨鍪冠，内着铠甲，捍腰绿裙，右手持火镰，打出一束火光，燃成一团火焰，电神表情专注，二目紧紧盯住火焰。下部红衫兽面神，双手举钹，似在用力互击。下列天神并列一排，右一为一老者，净面细目，戴方巾小冠，三缕长髯，外着红色鹤氅，绿色袍衫，白色中单，腰上以丝带束臂膝，高头履，左手平托玉碗，内装甘露，右手扬起，似正用拇指和食指弹出甘露，造福于人间，此神应为雨神。右二为蓝面龙头风神，着曲领窄袖上衣，红色抱肚、绣花捍腰，白色裙裳，裤系红带，跣足站立，右手平托风囊，左手握住囊口，身后背黄色风袋。右三为净面中年，神态安详，着龙头冠，右衽窄袖袍衫，腰系丝带，白裤布履，红色帛带绕肩垂于臂下，双臂抚一株青苗扛于肩上，一幅平民打扮。右四蓝面，龇牙瞠目，黄发竖扬，广袖红色短衫，内着铠甲，抱肚捍腰，粉色裙裳，绿色帛带绕肩环臂，跣足而立，右手握宝剑，左手张开，作索物状。

主風主雨主雷主電諸龍神衆

（32）西壁上层　主风主雨主雷主电诸龙神众

（33）阿利帝母大罗刹等众

阿利帝母为鬼子母或欢喜母的梵文译音。据《毗奈耶杂事》鬼子母为王舍城沙多药叉的长女，和犍陀国的半发迦药叉结婚，生下五百鬼子，故称鬼子母。因其前世被人鼓动跳舞导致所怀胎儿流产，在独觉佛前发下恶誓，来世再生王舍城，吃尽当地人小儿，鬼子母天天吃城里人小孩。释尊劝戒，并施展法力藏其一子，她又哭又闹地寻找，佛说："你有五百个儿子，只一个不见了，还怜爱寻找不止，别人只有一到两个小孩，你吃了别人怎么办？"鬼子母受佛的感化皈依佛门，成为护法神，为佛教护法二十诸天之一。因鬼子母刚出世时模样长得俊秀，大夜叉们见了个个喜欢，就给其起名叫欢喜，因她靠吃人为生曾是恶神母夜叉，又称其为暴恶母。散脂大将是其丈夫（另一说为其次子）。鬼子母是深受百姓喜欢的人物，她是集善与恶、美与丑为一身的佛教人物。

画面绘九人，右上为执幡天女，着圆领长衫，绣花霞披，粉色披帛，头为龙蕊髻，低首俯视众神。左上角一飞天神，散发飘浮，人身鸟喙，无衣着，仅披帛环绕两臂，手足腕部带粉镯，背后蝙蝠翅。上臂张开，下肢作急奔状，似有紧急事告人。下部七人为该画幅主要人物。其中之一为女性，当为阿利帝母，其他人环于其后。阿利帝母戴小冠，竖发飘扬，上身着右襟半臂，白色中单，绿色短衫，红色围裳，粉色中裙，白内裙拖地，着笏头履，前如意带结。左臂微扬，右手平握宝剑。红绿帔巾挂肩绕臂垂下，净面细目，面目平和稳重，似在授予军机。其左一男子面目凶悍，环眼努嘴，顶结发髻，着短袖对襟红衫，敞怀露腹，衫结节于脐部，束捍腰、帛带、绿色裙裳，白色吊腿缚以红带。右手握剑，左手擎白镜一面，似在听候阿帝利姆指令。其身后武士，面色白净，褐发竖立，前额用红带束骷髅冠，着绣花广袖上衣，粉色中单，腰系绿色抱肚捍腰，红色裳裙，右手握剑，左手轻抚剑上。右三为一怒相武士，五缕长发竖扬，络腮短髯，前额束带桃花两朵，上身两裆鱼鳞甲，赤膊，臂钏手镯，腰部抱肚捍腰，帛带飘扬身后，固定于挎带上，右手握剑，左手高举金铃。阿帝利姆身后三武士，其一红缨头鍪红色袍衫，白色披巾，右手持剑，络腮短髯。其二戴虎头冠，络腮短髯，怒目圆睁，内着铠甲，外披战袍，红色帛带绕于身后，赤上臂，右手持长戟，左手叉腰，紧紧站于阿帝利姆身后，其身份应为传说中阿帝利姆的丈夫，即散脂大将军。最后一位武士褐发竖扬，络腮短髯，着黄革甲，前后篝裙，臂韝，吊腿，跣足，腆胸叠肚，右手平握宝剑。

（33）西壁上层 阿利帝母大罗刹等众

飞天神

阿利帝母及武士

西壁下层，由北而南：

（34）太岁大煞黄幡豹尾神众

太岁、大煞、黄幡、豹尾为道教护法神，太岁、大煞民间俗称凶神，黄幡为罗睺的别名，豹尾是计都的别名，二者是十一大耀中的二星神，均为凶神。

太岁是古时人们为记时而虚拟出的一颗岁星，后与其他星体受到神化和崇拜，并认为太岁每年所经行的方位与动土兴造、迁徙相关，古有"不得在太岁头上动土之说"。从宋代，太岁已被人格化、偶像化。元明以后又成为主宰一岁之尊神。

煞神源自民间避煞丧俗，最早见《三国志·魏志陈群传》中关于避衰的记载。后逐步被人格化为恶鬼。

共绘六人，其中执宝盖者一人，执旗幡者一人。

画面最右侧独立绘有白罩头、白衣煞鬼，背对众人，罩头下散出二缕黑发，面色煞白、面相清瘦，衣服无形，似随风飘摆，又似乘云缓缓升起，煞鬼特征表现突出。

右二戴冕冠，方心曲领，广袖大袍者，双手缠巾执笏板，三缕长髯，高头履，面容略瘦，神情俊朗者为太岁。其后侧站一斑斓猛虎，四肢伸展，长尾卷扬，虎视眈眈。执幡者戴玉冠，白披肩，红袍衫，执伞盖者，绿帕罩头，环形饰肩，绿袍红履，二人相对而视，神情激愤，瞪目龇牙。

二位侍臣，一戴展脚幞头、蓝袍，一进贤冠红袍，侧结如意带结，各执笏板，专注向前。

（34）西壁下层　太岁大煞黄幡豹尾神众

太岁

白衣煞鬼

（35）水府扶桑□林大帝等众

水府扶桑□林大帝即扶桑大帝，又称东王公、东华帝君，为道教尊奉的主神。据《枕中书》，元始君经一劫乃一施太元母，生天皇十三头，治三万六千岁，书为扶桑大帝东王公，号曰元阳父扶桑大帝，住在碧海之中。民间传说其为男仙之首，主阳和之气。

画面共绘七人，主神为扶桑大帝，前有引导天女，后执团扇、伞盖侍从三人，旁边侍臣二人。

引导天女执旗幡，衣着华丽，红巾花冠饰头，黄云肩，红霞大袍，蔽膝绶带，云头履，帛带环臂，酥手纤指，面色红润，弯眉凤眼，樱桃小口，头微侧。

扶桑大帝着冕服，玄衣绣金龙，高头履，双手缠巾执笏，五缕长髯，长眉细目，儒雅飘逸，仙风道骨。持团扇者戴朝天翘脚幞头，披云肩，窄袖黄袍，红抱肚花捍腰，嘴有口红，应为男装女官。两位持伞盖者各戴玉冠，一位面色黝黑，肩上披巾，穿绿袍。另一位净面，外罩绿衫，内红袍，神态朴实。两位侍臣戴梁冠，广袖大袍，双手拱笏，弓身前倾，神态恭敬。

（35）西壁下层 水府扶桑□林大帝等众

扶桑大帝

天女

（36）陂池井泉诸龙神众

为掌管池塘、水井、泉水的龙神。

画面绘有十人，呈上下二组，每组共五人，无执幡引导者。所有人物均为龙王，其装束形象基本一致：戴通天冠，广袖大袍，方心曲领，配大带草带、蔽膝、绥带、组佩佩带整齐，各执笏板，云头或如意履，五缕长髯，人物肤色、胖瘦、神态各有差别。上组五人，有一人似正在演讲，吸引了其他四人的目光，他们或俯耳细听，或转首思索，显示出好奇之相。下组五人，神情自然平和。

陂池井泉諸龍神衆

（36）西壁下层　陂池井泉诸龙神众

（37）护国护民城隍社庙殿塔迦蓝众

隍，指没有水的护城壕，城隍泛指城池，后被神化为城市的守护神。关于城隍，最早出现于古代神话中，即《礼记》天子八腊中的水庸神。在《北齐书·慕容俨传》中正式出现了关于城隍神的记载。唐宋始城隍信仰普遍流行，郡、县皆祭城隍，道教收其为"翦恶除凶、护国保邦、旱时降雨、涝时放晴、并管领一方亡灵"之神，明太祖朱元璋对城隍极为崇敬，下旨封京城和几个大城市的城隍为王，职位正一品，封各府、州、县城隍神为公、侯、伯，并命各地重建城隍庙，规格与当地官署衙门一致。部下有文武判官、六部司、牛爷、马爷、六将军、范将军、谢将军、三十六天将、七十二地煞。这样，城隍成为城市的第二衙门，并与人间官衔级别对应的神灵。

殿塔迦蓝为寺院护法神，其地位比护法神四大天王、二金刚、韦驮地位稍低，据《释氏要览》迦蓝神有十八位，各有名称。新《搜神记》记祝允明为伽蓝，民间又有以关羽为伽蓝的。

社神又称太社之神，为国家社稷之神，是后土的演变。

画面绘有上下两组人物，上组四人，下组十人，计十四人，无执幡引导者。

上组右一戴天王冠，红色天衣，金甲罩身，臂韝、捍腰抱肚，左手握剑于肩上，右手托一火焰宝珠宝刹，为镇塔及殿堂之物，双目圆睁，三缕长髯，帛带环臂垂下。右二者头结高髻，顶饰宝玉，面容略瘦，三缕长髯，低首垂目，似在沉思默念。外罩天衣，内红袍，武士装束，左手扶于胸口，右手握一长杆，上悬豹尾。右三为一怒目力士，头结束花高髻，五缕虬髯，绿半臂，颈部束花，袒胸露腹，双臂平托被包裹的金刚杵，双手摊开，双目炯炯有神，瞪视前方。最左侧官员，朝天硬角幞头，红巾束其上，穿反领红袍，内衬圆领衫，三缕胡须，面态平和，似为祭官形象。上述四人为社庙殿塔伽蓝之护卫神。

下组十人，表现的是城隍出行。最前戴通天冠、穿广袖红袍的当为城隍神，他双手拱笏板，饰绶带、组佩，高头如意履，络腮长髯，浓眉大眼，英气逼人。其后九人为随臣。其左为戴高装巾子，穿绿鹤氅的老者，皓首银髯，左手拄龙头拐杖，右手平伸。后跟戴无脚幞头黄色圆领袍的净面文官。最后二位为戴展脚幞头、着绿官袍、执笏板的臣子。最左为绿帕罩头，红脸长髯绿袍黑靴的将军，似为三国蜀国大将关羽。当中一位竖发上扬、虬髯、红天衣、颈间缠蛇的武士，天衣胸前打结，胸肚外露，下着长裙。其他三位各戴进德冠或通天冠，着广袖大袍，前后如意带结，蔽膝绶带，方心曲领，为帝王朝服。净面细髯，双手拱笏板，儒雅风范。

（37）西壁下层 护国护民城隍社庙殿塔迦蓝众

殿塔伽蓝护卫神

城隍护卫神

（38）九禹十八狱主等众

十八狱主为佛教所称的十八层地狱之主。

画面分上下两层，共绘十八人，无执幡引导者。

上层八人，右侧四鬼神，无冠，髡发上扬如火，面容分别为棕、墨绿、土色和粉色，均方口龇牙，面目狰狞恐怖，分握长戟、木棍、长枪，其中之一徒手。有一位围狐皮披巾，两位围白布披巾。四人紧凑在一起，似正在争执着什么。左侧四人均为差役打扮，最左白巾罩头，赤面环眼，浅紫衫蓝抱肚，蹲马步欲争斗状，左二戴宝檐拨笠，净面黑髯，绣花披巾，白袍红抱肚，双手正向下挥动白巾。左三软巾包头似幞头，粉袍，背对画面，右肩扛一刑具。左四青色软脚幞头，青袍，右手握拳当胸，右肩上扛一棍状物，似为行刑用铡刀。四人围作一团，似在合计事宜。

下层十人中有鬼神四位，文官模样一人，其他五位为威武罩甲武士。四位鬼神均髡发，毛发上扬如火焰，环眼圆睁，面容激愤，披巾束捍腰，足蹬战靴，多袒胸赤膊，分持各式兵器。文官者幞头罩头，虬髯大脸，圆领袍衫，双手交叉于胸前，左手同时握有绢布。五位武士分别戴白巾或黑巾罩头或四方愣帽，着两当铠，兽皮捍腰，肩上披巾，下部吊腿战靴，持剑而立。最前方者褐面虬髯，双手拱于胸前，左臂垂挂多节钢鞭，虎视眈眈，杀气腾腾，显尽大将威风。

（38）西壁下层　九禹十八狱主等众

（39）阴官奏书蚕官五鬼神等众

黄帝元妃西陵氏始教民育蚕，历代奉祭为先蚕。蚕官又有青衣神、蚕姑、三姑、马头庙之说。

五鬼亦称"五尸"或"五神"，指五脏内五种死气（浊气），道教奉为神。

画面共绘九人，分三组。执幡引导为一力士。该力士棕面褐发，头发飞扬如火焰，肩披豹皮披肩，着红色半臂衫，兽皮捍腰，绿短裙，上下臂赤裸，跣足，环眼圆睁，双腿急奔而又匆匆回首而望。

上部一组，隐约可见二人，白衣袍，其中一人抱托金黄大罐。

当中一组绘三人，当中一人着官服，赤面黑髯，戴黑幞头，绿色圆领袍衫，右手微抬，手握一蚕茧，左手托方巾冠、丝绸衣物，身体向前微倾，低首下视。官员左侧绘一壮士，头包方巾，白披肩，粗布窄袖衫，腰间系皮捍腰，下肢赤裸，头顶一大盘，内装物品，其左手扶住大盘，正瞪目侧视。官员下方站一裸身赤面鬼，褐发上扬如火，鼻尖前突，怒目前视，腰间裹兽皮裙，右手握一块金砖。

下部一组绘有一帝王，一王后和一女官。帝王装者戴通天冠，广袖红袍，方心曲领，高齿履，双手缠绣花丝巾拱笏，三缕长髯，神态专注，仪态庄重。右侧王后，小花冠，帛巾罩背，广袖绣花粉衣，重裙拖地，前后如意带结，云头履，双手裹巾执笏板，面目清秀俊美，恬静华贵。两人身后女官，顶结高髻饰金花，绣花云肩、羽裳，两手分别捉住一文书的左上角和右下角，似正在宣读。女官直鼻朱口，弯眉细目，面露小心翼翼神态。

（39）西壁下层 阴官奏书蚕官五鬼神等众

执幡力士

（40）金银铜铁五湖百川诸龙神众

五湖百川泛指一切河流，均有龙神镇护。

该组壁画人物分上下两层，共绘十人，没有执幡引导者。上部为金银铜铁四神，下部为六位龙神。

上层四神均帝王打扮，戴进贤冠或通天冠，三缕长髯下垂，着大袖圆领袍衫，方心曲领，左手执笏板，右手或轻抬，或捋长髯，均面相慈善。四人上方分别画有金、银、铜、铁轮，代表每个人的身份。

下层诸龙神中，右二者冕冠，团领广袖长袍，方心曲领，前蔽膝，侧绶带，云头高履，双手执笏，三缕长髯，面容宁静，二目有神。左侧者戴通天冠，纨袍红脸黑髯，拱笏而立，目视前方。另一龙神戴通天冠，络腮须，着白袍，侧首回。后侧者花状金冠，五缕长髯。其他各戴进贤冠，广袖大衣，方心曲领，前后如意带结。均面相丰圆，儒雅仙逸。

248

（40）西壁下层 金银铜铁五湖百川诸龙神众

（41）四值功曹顺济龙王安济夫人等众

四值功曹即时值、日值、月值、年值，为道教小神。功曹本是人间官吏名，始于汉代，为州郡长官的助手，负责考察记录世人功绩，掌管功劳簿，至明代废止。道教延续了功曹的职能，并兼做守护神将。

顺济龙王、安济夫人皆为保护航海渡水人安全之神，道教收为神。

据《续文献通考·群祭考》三，金世宗大定二十七年正月，加封郑州河阴县黄河神号曰昭应顺济圣后，赐庙额灵德善利。

画面分上下两组人物。上组为四置功曹，下组为龙王及安济夫人。执幡者白色圆领窄袖袍衫，双手擎幡，站于当中，头顶以丝带结成花束。

四置功曹，均官员打扮，朝天硬角幞头，分着红、绿、黑、黄半臂衫，内穿官袍，施抱肚捍腰，头上幞头各结红、黄丝带，双手各执牌符，做奔走状。除"年置功曹"略显年长外，其他三位均为年轻力壮男子。

顺济龙王头戴通天冠，红色大袖朝服，方心曲领，腰挎带，前蔽膝，后绶带，前后如意带结，着披肩，高齿履，双手拱笏板。其后紧随一官员，赤面短须，软角幞头，绿色大袖官袍，胸前托抱年轮树干，足蹬尖头软靴。后面顺济夫人戴花冠，绣花披肩，如意笏头履，坤带飞垂，大袖衣裙，袖口有尖圭状饰物，两侧有绶，下穿鱼鳞裙，双手缠白丝巾执笏板，昂首垂目，风姿秀丽，雍容华贵。身后两侍女，发髻后结，分着绿、红衣袍，各执大方红扇，上绣金龙。

（41）西壁下层　四值功曹顺济龙王安济夫人等众

時直功曹

（42）往古宫嫔姝女列女孝子顺孙等众

画面绘有十四人，分四组。

第一组位于最上方，绘一高髻宫嫔，圆领窄袖绿衫，下着重裙，面部朴素无妆，右臂勾置胸前，左手提裙角，正侧眸回视，后跟一侍女，发髻后结，红衫绿裳，双手托抱一包裹，亦步亦趋紧随前方女子。

第二组绘有二位女子，一女子扛一长杆，上悬笤帚，白丝巾缠头，外穿男式绿袍，袍下露出红裙一角，右手按于胸前，柳眉凤目，成熟娴静。对面站一女子，束高髻，红衫白裙，右手握一斧头，前身微仰，面容俊秀。此组反映的是二位烈女形象。

当中一组绘一男子孤独前行，头戴巾冠，身着布衫，肩扛雨具箱包，身背行囊，作匆匆赶路状。

第四组位于最下方，由九人组成，反映的是一家人左搀右扶、孝敬老人的情景。前部长者，方巾裹头，皓首银髯，浅色长袍，双手扶杖，老态龙钟，正蹒跚前行。前一红衣幼童扶杖引路。左侧年轻男子方巾绿袍，正在小心翼翼地搀扶老人。后面书童双髻，双手捧书卷行于其后。后面是一老夫人，银发结于头顶，灰衫白裙，右手挂一手杖，右侧红衫蓝裙女侍搀扶。左侧一白衣女子怀抱包裹，恭候在旁。老夫人身后有一红衣高髻女子领一孩童，似为老夫人儿媳。此幅画将老人的迟缓老态，年轻人的机警灵活，小童的天真活泼，表现得淋漓尽致。体现了中华民族传统的尊老爱幼、家庭和睦、共享天伦之乐的美德。

（42）西壁下层　往古宫嫔婇女列女孝子顺孙等众

尊老爱幼

宫嫔及侍女

烈女

（43）严寒大暑客死他乡仇冤报恨，病疾缠绵自缢六道四生有情众

该幅画内容丰富，真实记录了民间百姓的生老病死，表现了生活的艰辛和苦难。壁画分左右两部分，内容界限分明。

左侧绘的是六道轮回，一城池内，大门紧闭，凶猛的龙头衔住门楣，表现的当为阎罗城景象，城内刀山火海中升起一股云气，云气散开后分成六道世界：第一道内绘高僧罗汉二人，艳丽袈裟，双手合十。第二道为帝王王后，男者红袍玉冠，女者凤冠霞衣。第三道绘官员二人，男官、女官均着幞头、红带、青色或红色大袍，革靴。第四道为二位急奔沙场的武士，手持刀剑，战衣抖动。第五道绘二饿鬼，面目狰狞，竖发怵立，上身赤裸，腰间缠以衣巾，似正匆匆逃离。第六道绘禽兽，有大象、骆驼、马、禽鸟、鱼虫。在阎罗城外站一人身兽面卫士，颈部裹兽皮披肩，腰间兽皮捍腰，红裙，缠吊腿，上身赤裸，右手提三股钢叉，左手搭于额上，正举目远望，注视着人间发生的一切，随时准备着将大限已到者收到阎罗城内审判发落。其足下是滚滚的波涛。

右侧表现的是人间苦难。共六个情节，上下排列布置。上层最右绘三人，一老者头罩方巾，着白衫，手持长杖，五缕长髯，敞胸裸肚。其后一人头发未梳整，肩搭汗巾，敞胸裸肚，此二人神态表现了大暑之天苦度难挨的情景。两人之间站一人，一手扶在长杖上，一手捂肚探腰，面带病态，为久病不愈者。上层左侧绘三人，似描绘了仇冤报恨的悲剧，一着粗布衣衫的男子右手握尖刀，向自己咽喉割去，左手按住自己的脑袋，旁边站着一对男女，男者外衫未穿戴整齐，敞怀挽袖，面带凶相，黑须棕面，立目扬眉，双手捧银锭，似想用钱解决事端。其身后女子，散发敞怀，面带恐惧，穿红衫粉裙，披青巾于肩，双手下垂而立。

下层的最左端绘的是黑白无常索命的情节。两位竖发鬼，分着白丝衫或羽衫。白衣者缩首蹑足，侧目张望。羽衣者赤膊站立。对面一人正掩面逃跑，该人青布裹头，蓝布衫粉裙裳，似一边跑，一面哭叫。该幅下面故事人物因画面剥落而不清晰，见有一木车，上面堆放有包裹家私，一官员模样人站在车前，官员头戴翘脚幞头，圆领白袍，为燕居之官服，右手扶胸，左手下垂，对眼前的争斗似视而未见，而是遥望远方，面带忧伤。官员左侧站一人，头部已剥落，青衣裙，袒胸，着布履，双手正在胸前比划，脚下似为一桥。不远处有两人正厮打在一起，一赤膊男子正扑向另一赤膊男子，被打者正奋力抗争。官员左侧，一白衣人跪在一青衣人前，似在哀告。从上面情节看，壁画反映的是官员赴任或流放时中途遭到强盗洗劫而客死他乡的故事。人物神态逼真，刻画细腻，深刻反映了生存的艰难、谋生的不易。

（43）西壁下层 严寒大暑客死他乡仇冤报恨，病疾缠绵自缢六道四生有情众

客死他乡

六道轮回

难民

4）南壁壁画

金刚，佛教中金刚力士之简称，指执金刚杵的护法天神。据佛教《正法念经》，谓昔有国王夫人生千子，俱为佛，拘留孙、释迦、楼至等均为其子；第二夫人生二子，长子愿为王，请千兄转法轮，次子愿为密迹金刚神，护千兄教法，故寺门塑其像。唐以后，寺中亦供二金刚，侍释迦，宋代又称二人为千佛之末次者，分别叫青叶髻、楼之德二圣者。

南壁绘二金刚像，各占据南面两稍间整个墙面。

西稍间墙上金刚为一缨盔金甲将军形象，头戴顶部攒红缨、前额饰兽头、两耳上重皮护耳的头鍪，头鍪以绳结于颌下，双缕髯，浓眉上扬，虎目圆睁，肩披绣五彩云的披肩，曲领环肩并饰以花朵，人字纹铠子甲，兽头护肚，金甲下着红色战衫。蓝绿白锦花捍腰，鱼鳞蔽膝，胯带束腰，并结绅带于前，两甲裙红绿镶花，下衬红裳，团花吊腿，如意头辍皮履，绿面绯里帔巾，上臂平端，双手合十，臂上平担一裹鹅黄绢巾的金刚宝杵。金刚绘有巨大的头光，燃烧正旺的赤焰装饰着头光四周。

东稍间墙上金刚为一褐面怒相鹤冠金甲武士，头戴鹤冠，前嵌红光镜，后环红丝带，扬眉立目，环眼圆睁，大嘴紧闭，络腮长髯飘垂及胸，肩上披绣祥云披肩，着金锁甲，甲下红色战衫，兽面抱肚，束带捍腰并结白色丝带于前，下红裙白裤，团花吊腿，翘尖革履，左手举于口前，右手横握宝剑。该武士双目向左前方，威武中透露出机警。头光边饰赤绿火焰。

南壁东稍间金刚

金刚局部

南壁西稍间金刚

金刚局部

五 讨论

（一）昭化寺建筑风格

昭化寺为河北省现保存较为完整的古代建筑群之一，整体建筑修建于明正统元年或稍早，竣工于正统八年，为明代前期遗物。通过地面建筑勘测和考古发掘，尤其通过科学维修方案的制定和保护规划的编制工作，我们对昭化寺的认识有所深入，现将昭化寺的建筑特点概括如下：

1. 昭化寺整体布局严格按照传统汉式"迦蓝七堂式"修建。根据志书、伊东忠太调查和考古勘察发掘资料及现存主体建筑来看，昭化寺整体布局规整、疏朗，体现出了沿中轴线建筑体量逐步加大，装饰彩绘逐步繁缛、华丽的传统特征。

2. 大雄宝殿的柱网布局沿用元代盛行的减柱法和移柱造，采用减柱法省去前檐两根金柱，又用移柱造将前檐明间两根金柱沿纵向向次间移1.075米；后檐金柱用移柱造将明间的两根金柱沿纵向向次间移1.35米，使殿内空间加大。

3. 大雄宝殿的转角结构与山门和天王殿相同，都是沿用元代盛行的抹角梁结构，在檐面和山面柱头斗拱的正心枋上扣打斜置抹角梁承托老角梁，老角梁后部斜挑下金檩和踩步金的交点。

4. 大雄宝殿前后挑檐檩的水平距离为13.62米，挑檐檩上皮至脊檩上皮的垂直距离为3.915米，木

昭化寺全景

构架的举折为1/3.48，大于宋《营造法式》中规定的厅堂结构建筑的举折，小于殿堂结构的举折，说明大雄宝殿仍沿袭传统的举折制度，并具有举架平缓的特点。

5．中轴线上的各建筑，檐柱有侧脚，无升起。明、清以后的建筑柱侧脚较小。

6．平板枋与额枋呈"T"形，平板枋至角柱出头刻海棠线。

7．寺内现存建筑的脊檩均使用叉手，梁架之间不用蜀柱，以枙墩支垫，保留了明代以前建筑的特点。

8．大雄宝殿斗拱材宽和材高分别为10和14厘米，足材高24厘米，材高宽比为14：10。斗拱的立面高度为104厘米，檐柱高431厘米，斗拱的立面高度约为檐柱高的24%，与元代阳和楼的比例接近，明代逐渐减为20%；大雄宝殿斗拱的布置：明间施三攒平身科斗拱，斗拱中距120厘米。次间施两攒平身科斗拱，斗拱中距120厘米。稍间施一攒平身科斗拱，斗拱中距120厘米。大于《清代营造则例》11斗口（110厘米），斗拱布置疏朗；天王殿斗拱布置也比较疏朗，明间施两攒平身科斗拱，斗拱中距149厘米。次间一攒，斗拱中距161厘米。

9．大雄宝殿现存前檐装修为四抹隔扇，心屉为斜方格和球纹。宋《营造法式》规定隔扇为四抹，元、明建筑隔扇多为五抹，清代建筑隔扇都是六抹。

（二）昭化寺壁画特征

1．三教合流的例证

水陆画是佛教举办水陆法会时供奉的宗教人物组画，始于唐末，兴盛于宋、元、明，初为轴幅，金代已开始绘于寺壁，是我国绘画艺术中的一朵奇葩。昭化寺大雄宝殿水陆画，绘制于明嘉靖四十一年（1562年），内容包含儒、释、道三教，属于佛教系统的有佛、菩萨、罗汉、诸明王、诸天、天龙八部等；属于道教系统的有四渎五岳、日月星辰、真君大帝等；属于儒教系统的有君臣父子、文武官僚、孝子烈女等。另有佛道混合成分的如诸龙神、十殿阎王、六道轮回等，形成了三教合流的壁画艺术。这种将儒、释、道三教人物共同绘于佛教殿堂的水陆画，在河北省石家庄市毗卢寺，蔚县故城寺，山西省阳高县云林寺，浑源县永安寺等十多处明代寺院中均有发现，它反映了佛教自两汉之际传入我国后，儒、释、道三教经过长期的相互斗争、相互渗透，唐代以后，逐步形成了以儒教学说为中心的三教合流的文化现象，而集三教人物于一堂（壁）的水陆画，是儒、释、道三教在我国历史上相互融合的珍贵证据。它反映了明代的宗教面貌，是中国佛教进一步世俗化，正在变成民俗的表现，是我们今天研究明代社会生活、宗教文化、绘画艺术、民俗风情的宝贵资料。

2．惟佛为贵的布局

据有关资料记载，水陆画按幅数多少有大水陆和小水陆之分，大水陆一堂可达120幅至200幅，小水陆一堂32幅至72幅，分上堂和下堂两部分，上堂为佛、菩萨、明王、护法天神等佛教上层人物像，下堂为儒、释、道三教人物像。昭化寺大雄宝殿水陆画共47幅，应属小水陆范畴。在壁画的布局上，也基本上是按照轴幅水陆画的上、下堂进行布局的，如大雄宝殿北壁是殿内的主壁，绘上堂的释迦牟尼、毗卢遮那佛、诸菩萨、诸明王等，而东、西壁则绘下堂人物，其排列顺序由北向南为佛教的罗汉、诸天众，其次是儒、释、道三教人物。上堂人物形象大于下堂人物，如北壁的坐佛高达一米，菩萨坐像高0.8米，护法诸神均高一米，而东、西壁的三教人物高0.08～0.5米不等。而且，东西壁壁画中的三教人物，不论

是持笏朝拜的方向，还是每幅人物行进的方向，都是向着北壁的佛祖，给人的感觉是，东、西壁的三教人物都在向北壁的佛祖朝拜。这说明，虽然是三教同堂，但在布局上却是主次分明，体现了佛教超孔超老，惟佛为贵的思想。

3. 别具一格的组合

水陆画在发展过程中，每幅所绘人物可多可少，可分可合。昭化寺大雄宝殿水陆画在人物组合上亦较有特点：一是单幅画面积大，包含的人物多，是其他寺庙壁画中少见的。如在北壁的东次、稍间和西次、稍间，都绘有2.6×5.18米的巨幅壁画，每幅画都绘有50多个人物。二是内容合并的多，在47幅壁画中，有22幅的内容是把其他地方水陆画的两幅或两幅以上的内容合并在一幅了，占了壁画总数的近一半。如"五岳大帝江河淮济四渎源王众"，在河北省石家庄市毗卢寺明代水陆画中，五岳用了二组，四渎用了一组，共用了三组画表现，而在山西省阳高县云林寺明代水陆画中则是五岳用了五组、四渎用了一组，共用六组画来表现。三是在人物组合上打破了宗教界限，把佛、道两教的人物合并在一幅之中，如"天藏王菩萨后土圣母众"和"玉皇大帝无色界四空天众"等。昭化寺的壁画虽然属于小水陆范畴，由于进行了大量的人物合并，所绘人物之多却超过了部分大水陆。如山西省稷山县青龙寺腰殿水陆画面积130平方米，绘人物约300多人，石家庄市毗卢寺水陆画122平方米，绘122组，人物共计508人，山西省浑源县永安寺明代水陆画169.45平方米，绘136组，人物共计874人。昭化寺大雄宝殿水陆画47幅，面积93.566平方米，却绘有人物610多人，这些特征为研究水陆画在发展过程中的组合情况提供了实物资料。

4. 精湛的绘画艺术

昭化寺大雄宝殿水陆画，属工笔重彩人物画，在壁画的制作上，继承了唐宋以来的传统绘制方法，先用淡墨起稿，勾出轮廓，再施色彩。壁画构图严谨、人物神态各异、线条遒劲浑圆，着色古朴典雅，绘画风格仿唐，在艺术上取得了较高的成就，主要表现在下列几个方面：

1) 严谨的画面构图

昭化寺大雄宝殿水陆画以幅为单位，每幅少则四至五人，多者近三十人，有的还兼有建筑等景物，但画师凭借高超的构图技巧，九十多平方米人物画不仅整体系列清楚、疏密得体，而且每幅画都内容协调、主题突出，可归纳为三点：

构思巧妙，透视合理

东西壁壁画每幅高1.35米，宽0.73至1.29米不等，在这近一平方米的平面上，画师巧妙利用色彩变化和透视关系，通过天空尽头数条由远而近、由轻到重的蓝色带状云纹和近处流动的朵朵彩云，使画面产生了明显的纵深感。画面中部群仙错落有致地列于飘动的祥云上，配以飞扬的旗幡衣带，成功地表现出了诸神驾云腾空，遨游天空的情景。并利用每幅画人物数量、姿态、动作的差别，使画面形态各异，和谐自然。

主次明确，相互呼应

根据每幅画的人物关系，画师采取了不同的处理手法：人物之间有主侍关系的，则仰承关系明确。如东壁上层的"星主北极紫薇大帝"，画中北极大帝的矜持、左辅右弼的谦恭、侍者的殷勤，使人一目了然。人物属群神并列的，则使人物之间左右顾盼，相互呼应。如西壁上层的"五岳大帝江河淮济四渎源王众"，诸神之间似谈似议，韵趣兼备。

层次分明，错落有致

对于人物较多，故事复杂的画面，则采取了以层区别，分组描述的手法，如东壁下层"投崖赴火严寒自焚兵戈荡灭水火漂焚□数孤魂诸鬼等众"，绘有二十六个人物，分四层九组进行描述，在层与层、组与组之间，以彩云相隔或以颜色深浅区别，使整个画面井然有序，浑然一体。

2）生动的人物形象

造型是人物画的精华，神态是人物画的灵魂。昭化寺大雄宝殿水陆画在人物形象的塑造和神态的刻画上，继承了我国传统人物画"以形写神"的技法，准确地把握了人物形象与神态的关系，通过细致入微的刻画，生动地表现了不同人物的神态。如佛祖的庄重慈祥、菩萨的华美庄严、文臣的凝神思虑、武将的威武豪放、帝王的气宇轩昂、侍者的俯首殷勤，各具特色，出神入化。造型优美，形神兼备的画面比比皆是，如西壁上层的"主风主雨主雷主电诸龙神众"，画面以雷公为中心展开，画中雷公面如青靛，猴脸尖嘴，怒目竖发，状若力士，周身环绕连鼓八个，上饰火焰，其双臂肌肉突起，左手拿楔，右手执槌，作欲击状。在他周围手持圆镜的电母，身背风袋的风伯，左手持碗、右手作弹指状的雨师等天神，皆神态各异，栩栩如生。整个画面中飞转的连鼓、喷发的火焰、飘扬的衣带，无不动感强烈。画师凭借高超的线描技法，不仅把人物的外形刻画得形象鲜明，人物的内心活动亦表现得细腻生动。如西壁上层的"十二元辰星君等众"，表现了十二生肖驾云遨游于天空的情景，其中前排左二的红脸黑须老者（肖兔）头戴五梁冠，双手执笏板，正向身右的白面长须者（肖龙）诉说什么，而对方右手持笏板，左手食、拇指捻须，低眉作沉思状。画中诉说者侧首倾身的急切神态和听者低眉捻须的沉思，表现得惟妙惟肖，跃然壁上。

3）娴熟的线描技法

工笔重彩人物画是通过线条和色彩取得艺术效果的，所谓"墨线造型，色彩成韵"。昭化寺大雄宝殿水陆画线条多用钉头鼠尾描，个别处亦用柳叶描或铁线描，中锋用笔，疾徐有度，笔法工整严谨，线条流畅自如，技艺精湛，一丝不苟，彩云花草，笔笔见功，长髯短须，根根见肉。画师以飘逸飞扬的线条，描绘出了群仙变化多端的姿态和稠密重叠的衣褶，画面"天衣飞扬，满壁风动"，可以看到"吴带当风"的艺术渊源。

4）准确生动的色彩变化

在着色上，以红、绿为主，兼以黑、黄等，平涂着色，沥粉描金，使整个画面显得富丽浑厚、深沉古朴。在部分人物的脸、手部使用了晕染，增加了人物的立体感。而在人物服饰的着色上，既注重与传统文化统一又符合人物身份且富于变化，如西壁上层"五岳大帝江河淮济四渎源王众"，其中五岳衣服的着色，即是按照我国古代五行学中五行配五方、五色的学说，东岳着青衣、西岳着白衣、南岳着红衣、北岳着黑衣、中岳着黄衣。而东壁下层的"往古儒流贤士九流百家众"中，农夫的衣服是短衣褐色，而其他十二人中，四位穿红袍的以紫红、深红、大红、朱红相区别，一幅画中红色衣服即分四色，用色多

变可见一斑。

5. 传统画法的继承与创新

水陆画是为宗教活动服务的，长期以来，由于
受宗教内容的限制和水陆画"粉本"的制约，束缚
了艺术家的创造性，使各时代、各地区的水陆画在
内容上基本相同，人物形象类型化，客观上降低了
其艺术价值。而在昭化寺大雄宝殿水陆画中，虽然
仍有部分人物形象雷同，但画师在继承水陆画传统
画法的同时，在人物个性化、生活化、现实化方面
有所创新，所绘人物已不全是中规中矩、表情严肃
的天神。加入了自己的宗教感情和审美情趣，创作
出了一些具有世俗社会情趣的画面，如东壁上层的
"角亢氐房心尾箕斗牛女虚危室壁星君众"，虽然也
是程式化的画法，但画面右上角的宿神却颇有特
色，别的星君或双手执笏板、或平捧于胸前，一副
毕恭毕敬的欲朝拜状，而惟有她一人却是将笏板夹
于腋下，不拘于礼仪，一副满不在乎的神态。又如
东壁上层的"上清十一耀星君众"的土星，皓发银
髯，满脸堆笑，哪里像神仙，却似和蔼可亲的老者。这种张扬人物个性的画法，显示了画师在程式化
求变、在大众化中追求个性的努力。再如东壁下层的"往古比丘比丘尼优婆塞优婆夷道士女冠等众"，右
下部一组僧侣画的生动有趣：一和尚右手持杖，在一幼僧的扶挽下疾行，由于急忙赶路，奔走间将披在
外面的袈衣都滑落到了腰下，身后的书童肩挑经卷紧随其后，正举着左手，似乎在告诉师父袈衣要掉，
充满了生活情趣。还有东壁下层的"投崖赴火□寒自焚兵戈荡灭水火漂焚□数孤魂诸鬼等众"，该幅画本
意是宣传佛教的"九横死"，即世人只要信佛，就可以免去九种非正常死亡。由于内容较少受宗教的束
缚，给了画师相对自由的创作空间，使画师能够把明代社会下层人民的生活苦难和自己对生活的感悟，
通过画笔进行了真实的表达，反映了人们希望消除社会弊病，免遭自然灾害，向往美好生活的愿望，是
壁画中现实性较强的作品之一。

6. 绘制时间及作者明确

我国的壁画有着悠久的历史，可以追述到距今五千年前的新石器时代。宋代以来，文人水墨画盛行
以后，壁画的绘制逐渐变为民间画师行业，被称为"画匠"等，由于"尊文人而卑工匠"，史书及地方志
很少记载民间画师及其作品，使许多珍贵的壁画不知其作者及年代。在昭化寺大雄宝殿南壁西稍间所绘
金刚力士的左上方，保存有壁画绘制时间及作者、捐资者姓名："时大明嘉靖肆拾壹年（1562年）岁在
壬戌冬拾月初拾日吉时谨志，画工匠人任朝相，信士高虎、王安才、张永、宋正道……"。既有确切年代
可考，又有画师姓名，为研究明代水陆画的相关情况，提供了可资比较的实物例证。

7. 与相邻地区水陆画比较

怀安县位于河北省西北部，地处冀、晋、蒙三省区交界处，历史上与山西雁北地区在政治、经济、
文化上有着比较密切的联系。为了进一步探讨昭化寺大雄宝殿水陆画的相关情况，我们试将昭化寺大雄

宝殿明代水陆画，与河北省石家庄市毗卢寺明代水陆画、山西省
阳高县云林寺明代水陆画、浑源县永安寺明代水陆画，就其壁画
布局、艺术风格、人物刻画、相互区别等，作一些初步比较。

　　1）相同之处

　　布局都以佛教为主，儒、道教为辅。上述四处水陆画布局上
基本相同，都是在殿内的主墙——北壁上绘佛、菩萨、明王、罗
汉等水陆画上堂人物，而在东、西、南壁上绘儒、释、道三教下
堂人物，而且一般主壁壁画的人物形象大于其他壁壁画人物。四
处水陆画的内容也大同小异，都是三教合流的壁画艺术，区别只
是大、小水陆画而已。

　　壁画风格全部仿唐。四处水陆画的艺术风格全部仿唐，所绘
人物不论男女大多面容丰满，尤其是女性，圆脸高髻，丰腴肥硕。
如昭化寺东壁上层的"欲界上四天主并诸天众"、"色界四禅天
众"；毗卢寺的"欲界四空天众"、"往古后妃等众"；云林寺的"日
光菩萨"、"往古贤妇烈女众"；永安寺的"天地水三官众"、"水
星真君"等，均具有唐代以胖为美的遗风。

　　在线描上同样是线条流畅自如，遒劲有力，线条类型多样，
富于变化，画面旗幡衣带随风飘拂，可以看到"吴带当风"的艺
术渊源。

　　人物刻画传神。四处壁画均为民间画师所绘，但画师技法娴
熟、技艺高超，其共同特点是注重人物的神态刻画，努力反映人
物的内心活动，一部分达到了神奇的地步，如毗卢寺西壁下层右
侧的"四渎龙神等众"，其中前排的红衣龙神双手持笏板，正表
情严肃地向对面的龙神诉说什么，而对方面色平静地双手持笏板
略上举，侧首倾身，双目下视作沉思状，优美的人物造型，逼真
的神态刻画，让人感到呼之欲出，问之欲答。而更让人感到惊奇
的是，昭化寺水陆画"五岳大帝江河淮济四渎源王众"中四渎的
神态刻画手法与该幅竟有惊人的相似之处：四渎中后排穿红衣的
龙神，亦双手执笏板，也是一脸严肃地向其前面的龙神在诉说什
么，而对方同样是将手中的笏板略向上举，侧首倾身，双目下视
作沉思状，该画同样人物造型优美，神态惟妙惟肖，两处壁画相
距千里，却是同样的内容，同样的神态，让人拍案叫绝。诸如此
类的人物刻画入微，神态逼真的形象，还有如毗卢寺的"五湖龙
神等众"、"四海龙王等众"；昭化寺的"十二元辰星君等众"、"太
乙诸神五方五帝等众"等等，真可谓不胜枚举。在云林寺、永安
寺水陆画中，其人物刻画亦有传神之笔，如云林寺的"北极紫徽
大帝"、"北岳安天主圣帝"等，人物仰承关系明确，相互顾盼，

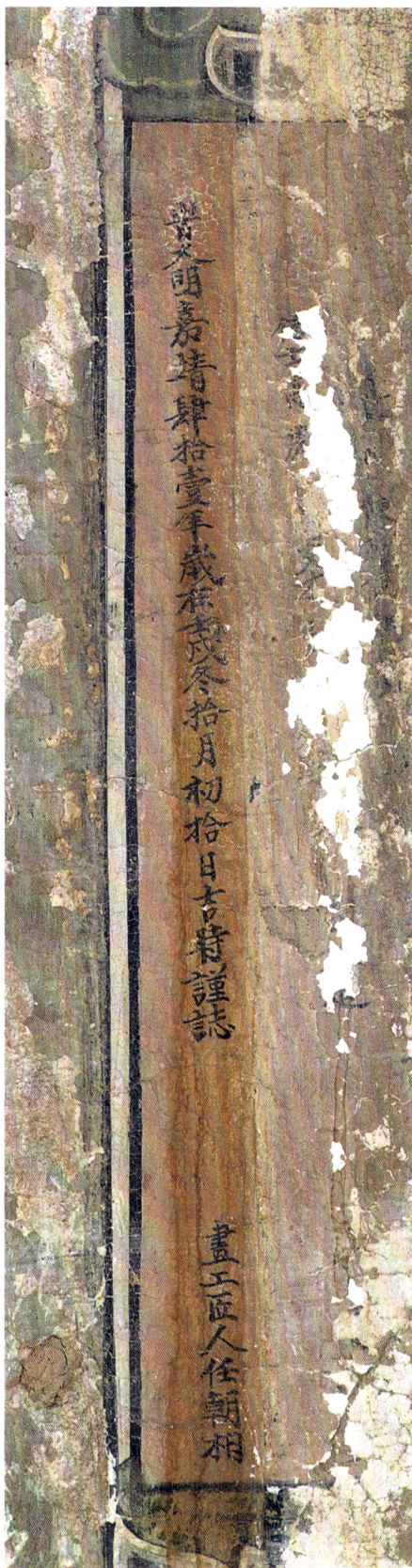

表情传神。

人物形象类型化。虽然四处水陆画在人物形象、神态的刻画上各有独到之处，取得了较大的艺术成就，但部分人物形象类型化还是比较突出的，同一幅画中人物面相几乎相同。如毗卢寺的"五方五帝神众"、"南斗六星"等，昭化寺的"色界四禅天众"、"北斗七星左辅右弼等众"，永安寺的"水星真君"等，内容程式化、人物形象类型化，似乎是水陆画的通病。

2）不同之处

昭化寺水陆画与其他几处最大的区别在于构图方式的不同。水陆画原为轴幅，直至明清仍有较多的轴幅水陆画，昭化寺水陆壁画继承了轴幅水陆画以幅为单位的构图形式，虽然壁画没有画出界格，但幅与幅之间间隔较大、互不相连，以幅为单位的构图是明确的。此类型的构图方式，还见于河北省蔚县故城寺明代水陆画。而石家庄毗卢寺、山西阳高县云林寺、浑源县永安寺、太谷县圆智寺、灵石县资寿寺、河曲县寿圣寺等明代水陆画，在构图上却都是以组为单位，三教人物参差罗列，相互穿插，层与层之间以云气相隔。上述这些寺院，有的相隔千里，而壁画构图却都是以组为单位，格局基本相同。据有关资料记载，水陆画在金代已绘于寺壁，其构图方式不得而知，元代水陆壁画已有以组为单位的构图方式，如山西省稷山县青龙寺腰殿元代水陆画。明代寺院水陆画以组为单位构图似乎成了主要方式，或者是直接继承了金、元寺院水陆画的构图方式。

纵观上述四处水陆画，我们初步认为，毗卢寺、昭化寺在人物刻画、线描和着色上均达到了很高的水平，而毗卢寺在人物神态的刻画上，要比昭化寺技高一筹。云林寺和永安寺在绘画技法上，要明显逊色于昭化寺。

昭化寺大雄宝殿水陆画，包含的历史信息是多方面的，它形象地展现了大量的古代人物服饰、兵器、生活用具、花草树木、宗教文化和民俗风情等，具有很高的历史、艺术价值，被誉为是敦煌壁画的延续，其丰富的内涵有待于进一步揭示。

（三）昭化寺保护维修建议

昭化寺修缮工程设计方案已经国家文物局批准。由于编制方案时历史资料查阅不够，也没有进行考古发掘，因此，对昭化寺的整体布局不够清楚。根据目前所掌握的资料，应抓紧时间制定昭化寺的保护利用总体规划，以弥补修缮方案的不足。我们提出如下建议：

1. 重新划定昭化寺的保护范围和建设控制地带。根据调查和发掘资料，现在昭化寺的保护范围，南部临街，没有变动的余地；东西现围墙以外13米，显然还在原寺院范围内，至少应在30米左右；昭化寺北部保护范围应作较大的调整，至少将原有的三层砖塔包含在内，这样，从现围墙以外100米应该在原寺院的范围内。建设控制地带则根据保护范围的情况合理划出，并充分考虑与怀安镇城相协调等问题。

2. 昭化寺围墙和院落整治。设计方案对昭化寺围墙、院落整治与排水进行了初步安排，但没有考虑对原围墙及东西便门考古勘察和发掘问题，甬路比原有者宽出1米。另外关于周围民房拆迁问题也没有考虑，至少现围墙东部侵占庙产，对现在环境影响较大的应该马上拆除，其他部分分期分批拆除，恢复原貌。

3. 昭化寺修缮工程。按国家文物局批复执行，基本上在不改变原状的原则下，对现存建筑都进行了修缮。但是，正如以上所提及的那样，这里珍贵壁画既是昭化寺的精华，也是保护的重点，应尽快立项实施。

4．昭化寺复原工程。根据文献和考古资料，应该对昭化寺内的碑楼和钟楼、鼓楼进行复建。理由是文献记载准确，基址发掘资料可靠，对整个建筑群起到烘托和画龙点睛的作用。

5．昭化寺基址展示。除复原的三个单体建筑外，对其他所有的无存建筑进行基址展示。通过考古发掘搞清楚各自准确位置和基础构筑结构和用材，对宁殿、观音宝殿、地藏宝殿、东配殿、西配殿、东耳房和西耳房进行基址展示。

主要参考资料：

察哈尔《宣化府志》。中国方志丛书，塞北地方第十八号，据清吴廷华修，王者辅等纂，清乾隆八年修二十二年订补重刊本影印本。成文出版社印行。中华民国五十七年三月台一版。

《怀安县志》。光绪二年丙子续修。

察哈尔省《怀安县志》。中国方志丛书塞北地方第二十七号，据民国景佐纲修，张镜渊纂，清乾隆肆年刊本影印本。成文出版社印行，中华民国五十七年三月台一版。

王海航、陈耀林编著，《毗卢寺壁画》。河北美术出版社，1984 年。

康殿峰主编，《毗卢寺壁画》。河北美术出版社，1998 年。

王素芳、石永士，《毗卢寺壁画世界》。河北教育出版社，2002 年。

柴泽俊，《山西寺观壁画》。文物出版社，1997 年。

安华一、甄国钧，《怀安城六百年》。《怀安县文史资料》三辑。张地文出准字（1991）第 060 号。

伊东忠太，《东洋建筑的研究》（上）。伊东忠太建筑文献编纂会编纂，龙吟社发行，昭和十一年十一月二十二日印刷，昭和十一年十一月二十七日发行。

宿白，《宣化考古三题·宣化古建筑、宣化城沿革、下八里辽墓群》。《文物》，1998 年第 1 期。

祁英涛，《祁英涛古建论文集》。华夏出版社，1992 年。

徐建中，《昭化寺始建年代及明代修缮情况调查》。《文物春秋》，1994 年第 3 期。

徐建中，《昭化寺大雄宝殿壁画初探》。《文物春秋》，1996 年第 1 期。

徐建中，《昭化寺大雄宝殿水陆画浅释》。《怀安县历史文化》，怀安县文史资料第十辑，2005 年。

徐建中，《怀安昭化寺大雄宝殿水陆画》。《文物春秋》，2006 年第 4 期。

孙荣芬，《昭化寺调查记》。《文物春秋》，1999 年第 3 期。

王辉，《河北省现存寺观壁画的分布与题材》。《文物春秋》，2000 年第 6 期。

孙荣芬、杨静、赵喆、张勇、孙颖卓，《张家口昭化寺修缮工程勘察报告及设计方案》。河北省古代建筑保护研究所，2003 年 6 月。

编　后　记

　　1997年，宿白、徐苹芳先生和国家文物局的领导考察昭化寺，对昭化寺的建筑和壁画给予了极高的评价。自此，我开始关注昭化寺，并对昭化寺的研究产生了兴趣。昭化寺具有极高的历史、艺术和科学价值，我想，通过对它的调查、了解和认识，肯定能够学到不少有关古代建筑学及壁画艺术的基本知识。

　　1998年，河北省古代建筑保护研究所对昭化寺的调查和2003年形成新的昭化寺考察报告及修缮方案，为《昭化寺》的编写创造了必备的条件。在刚刚迈入新世纪的2001年，我和张家口市文物局副局长、考古学家贺勇先生商定，共同组织完成这项任务。当年由贺勇和徐建中先生查阅当地相关资料，王辉先生负责昭化寺古建筑群的建筑和大雄宝殿壁画文稿起草工作，贺勇、徐建中和我负责其他部分稿件的写作。2002年9～10月，河北省文物研究所冯琳和张晓仓先生完成了壁画的拍摄工作。2004年，《昭化寺》初稿完成，并将材料汇集起来，由我进行修订、统编。在汇集材料后，感觉有关昭化寺的历史文献及以往研究成果尚需证实，必须对昭化寺进行考古勘察和发掘工作。2004年8～9月，河北省文物研究所在昭化寺进行了考古勘察和发掘。2006年，考古领队雷建宏将考古发掘报告初稿交给我。至此，所需资料准备齐全。

　　2006年10月，文物出版社的李莉、段书安先生到河北省文物局，我向他们介绍了《昭化寺》编著情况，他们鼓励我们尽快成稿，并支持我们在文物出版社出版。之后，便紧锣密鼓地开始了文图修改、制作、拣选和编排工作。这一阶段，又由孙荣芬女士修改加工古建筑部分稿件，总结建筑风格并绘制所用图件。由徐建中先生加工壁画描述部分并总结其风格特色。

　　显而易见，《昭化寺》是一部集体研究的成果。参加编写工作的有谢飞、王辉、孙荣芬、贺勇、徐建中和雷建宏。其中，既有古代建筑保护研究专家，也有考古研究学者，大家携手完成了这一任务。

　　《昭化寺》的编写与出版工作，得到河北省文物局、河北省文物研究所、张家口市文物局、怀安县广电局的大力支持。徐苹芳先生为本书作序，苏士澍先生为本书题写书名，是对我们的鼓励和期望。文物出版社和段书安、李莉先生为本书出版做出了不少贡献。冯琳、张晓仓、刘小放拍摄壁画照片，任涛、郝建文绘制考古图件，张慧女士拍照拓片。对于方方面面的支持，我们深表谢意。

谢飞

二〇〇七年一月十八日